学級を最高のチームにする！

365 DAY TEXTBOOK

学級経営

365日の教科書

赤坂 真二・岡田 広示 編著

JN022013

明治図書

　上越教育大学教職大学院の赤坂真二と申します。小学校の教師を19年ほど経験し，2008年から今の仕事をしています。学部・大学院では教員養成の仕事をしていますが，同時に，北海道から沖縄まで全国の教育委員会や学校に招聘され教員研修に関わらせていただいています。そうした中で，多くの先生方から相談されることがあります。

「先生，私は，若いときから教育書を読み，セミナーにも参加するなどして，勉強してきた方だと思います。また学んだことを，積極的に活用もしてきました。かつては，けっこううまくいっていたんですけど，この頃はどうもしっくりいかないのですよ。どうしてなんでしょう」

　また，講演会の後にこんな風に声をかけられたこともあります。

「私たちの学校は，子どもたちが生き生き学ぶ授業の創造のために，授業改善に取り組んできました。しかし，近年は，どんなに教材，発問や指示などを工夫しても授業に食いついてこない子どもが，増えてきたんです。しかし，今日，先生のお話を聞いてその理由がわかりました」

　皆さんは，ここにはどんな「問題」が横たわっていると思いますか。

　私が小学校の教師になったのは平成元年です。平成に起こった学校教育の問題として，もっとも大きな話題となったものに小学校における学級崩壊があります。それまでも学校はずっと楽園だったわけではありません。学園紛争や校内暴力など，学校の荒れはかねてからありました。しかし，それはみんな中学生より上の発達段階で起こったことです。学級崩壊がショッキングだったのは，あどけない小学生が，学級ぐるみで統制がきかなくなったことです。

　かつては子どもたちが集団で教師に反抗したり，教室から脱走したり，教室にバリケードを張って教師を閉め出すといった「元気な崩壊」もありました。しかし，今の子どもたちにそれほど元気はありません。今の教室は，よどんだ空気の中で，シラッとダラッとしている「静かな荒れ」です。

私は，学級崩壊が全国に拡散し，日常化していくその時期に，小学校現場の教師として，立て直しに関わってきました。私の新採用の頃は，「よい授業をすればよい学級ができる」と指導され，授業研究を一生懸命やりました。しかし，学級崩壊のクラスを担任したときに，それまで学んできたことが全てはねのけられる経験をしました。授業をしようにも授業という土俵にのらないわけです。「よい授業をすればよい学級ができる」それは確かに真実だろうと思いますが，学級崩壊が起こって以降は，普遍の原則ではなくなりました。教師は，高い授業力と共に，子どもたちが学びの土俵にのる学級をつくる力も求められるようになったのです。

　冒頭の先生方の発言が投げかけているのは，「学級経営の問題」です。

　皆さんは，学級経営と言うと何をすることだと思われますか。教師経験のある方ならば，おおよそのイメージがあろうかと思いますが，同じことを教師を志す学生たちに聞くと，明確な答えが返ってきません。それもそのはずです。学級経営は現在の教員養成では，必修科目として設定されていません。つまり，教員免許を取得する過程で学級経営を学ぶことができないのです。学ぶことができないのは，教員養成だけではありません。教師になってからの教員研修でも同じなのです。

　現状では，通常の研修で学級経営力をつけることは難しいです。授業以前の問題で躓いている子どもたちを，学びの世界に誘うことはできないのです。全ての子どもたちに力をつけようと思うなら，学級経営を学ばなくてはなりません。現状で学級経営を学ぶには，セミナーに参加したり，書籍を購入したりするなどし，そのための行動を起こさねばならないのです。

　本書は，学級スペシャリスト6人が執筆を担当した学級経営の教科書の役割を担った書籍です。学級経営の基礎から応用まで学べる良書となっています。最初からじっくり読むもよし，また，気になるトピックから読むもよし。使い方は，読者の皆さんの自由です。皆さんが，本書を活用して，子どもたちの笑顔とやる気が溢れる教室を実現されることを願ってやみません。

赤坂　真二

目　次

第1章　学級を最高のチームにする！　学級づくり365日の仕事術

第1節　子どもを知ろう

第2節　学級の約束づくり

第3節 自治的集団とは

第2章 学級を最高のチームにする！授業づくり365日の仕事術

第1節 授業準備と学習方法

第3章 学級を最高のチームにする！
保護者・地域コミュニケーション 365日の仕事術

第1章

学級を最高のチームにする！
学級づくり
365日の仕事術

月
日（ ）

① 子ども理解の方法①

　学校教育において人が人を理解する方法は，面接法，観察法，質問紙法の３つしかありません。この３つの方法には，それぞれ強みと弱みがあります。１つの方法で得た情報だけを頼りにせず，複数の情報を総合して判断するようにしましょう。特に教師の観察眼に必要な観察法として，偏見なく子どもをみる目が必要です。

1 面接法

　面接法といっても就職試験などにある面接試験のようなかしこまったものではありません。子どもたちと普段の休み時間に話している「昨日のテレビ番組は観た？」「○○が流行っているね！　教えて！」などの雑談も面接に入ります。つまり「顔と顔を合わせて話すこと」です。この面接法では，話しながら子どもの興味のあることや好きなこと，嫌いなことといった表面上の情報だけではなく，話の内容や口調，表情から子どもの内面を知っていく手掛かりを得ることができます。

　この方法は授業中にも生かされています。例えば，子どもが発言したことについて，教師が問い直して聞くと「子どもがどこまで理解していたのか」を知ることができます。また自分の思いを言葉にすることで「先生に知ってほしい」という子どもの願いもあります。全ての会話は子ども理解につながります。

2 観察法

観察法は教師が日常的に行っている方法です。授業中の机間巡視や子どものしぐさの観察，休み時間に「あの子とあの子がいつも一緒にいるな」「最近，教室に一人でいることがあるな」といった行動観察を意識的にするようにしましょう。さらに子どもの靴箱やロッカー，机の中が整頓されているかなどを見るのも子どもを理解するのに大切な材料です。極端に言えば「教師は朝から晩までの間子どもを観察している」と言ってもいいでしょう。

行動観察は教師の仕事の大半を使っています。大切なのは「あの子だから仕方がないな」「この子だから，そうなるのだろう」といった偏見を持たずに見取ることです。

3 質問紙法

質問紙法は，ペーパーテストやアンケートといった子どもが書いたものから理解していく方法です。広い意味でとらえれば日記や学習の振り返りなども入るでしょう。書くという行為は，話すよりも自分の内面を出しやすい傾向があります。文面から，子どもの内面理解につなげていきましょう。

4 面接＋観察＋質問紙

大切なのは一つの方法に偏らず，複数の方法で子ども理解を図ることです。特に観察法（行動観察）は教師の生活経験から判断しがちです。自分の思いだけで判断しないようにしましょう。

●子どもを理解するには面接法，観察法，質問紙法の３つだけ。

●偏見を持たない目で子どもをみることが大事。

●一つの方法に縛られずに複数の方法で，子どもを理解する。

（岡田　広示）

② 子ども理解の方法②

教師にとって子ども理解は必ずしなければならないことです。子ども理解の３つの方法（面接法，観察法，質問紙法）は，それぞれメリット，デメリットがあります。それぞれのいいところを組み合わせて，子ども理解をしていくようにしましょう。

1　３つの方法のメリットとデメリット

　３つの方法には，それぞれメリット，デメリットがあります。

　面接法には，とても細かなところまで聞くことができる反面，教師の偏見が入りやすくなります。観察法は，言葉以外の情報も見取ることができますが，教師の主観が入る可能性があります。質問紙法は，簡単に実施することができますが，回答する子どもが「本当の思いを書くか」という疑問が残ります。３つの方法のよさを組み合わせて実施しましょう。

2　３つの方法の具体例

　６年生女子Ａ子の４月を例に３つの方法を組み合わせた子ども理解について紹介します。Ａ子はクラスの中心にいましたが「少し乱暴な面がある」と前担任から引き継ぎがありました。

(1)　観察法

　はじめにＡ子の行動観察をしました。確かにＡ子の言葉遣いは乱暴で，周りも一歩下がって話を聞いている様子がうかがえます。またＡ子は特定の友

だちといることが少なく，他のクラスの子どもや他学年の子どもといることが多いように見受けられました。

⑵　面接法

　A子が友だちと話しているときに，そのおしゃべりに加わって情報を集めます。そこでわかったことは「毎日聞くほど好きな，アイドルグループがある」「弟二人の遊び相手をしている」「ご飯を作るのが好きだ」の3点です。またA子は身だしなみにも気を使い制服にもアイロンを当ててもらっているようです。

⑶　質問紙法

　A子の日記の片隅に「学校にいてどんなときが楽しいの？」とコメントを入れると「みんなと一緒にいる時が楽しいけれど，どう言ったらいいのかわからない。だから手を出してしまうときがある」と返事が来ました。A子は，家で弟たちと過ごすことが多く面倒見はいいですが，友だちにも弟たちと同じようなコミュニケーションを取ってしまっていたことが考えられます。

　以上のことからA子には友だちとのコミュニケーションの取り方，スキルの指導が必要であると考えられるのです。
　このように一つの方法に偏らず，複数の方法を取ることで教師の偏見を入れずに，より正しく子どもを理解することが大切です。

●子ども理解の方法にはメリット，デメリットがある。
●複数の方法を取ることで，より正しく見取ることができる。

（岡田　広示）

③ 子どもの記録の取り方

> 　記録は，子どもの変化や成長を見取り，指導に生かすために行います。個人と学級の両方を記録することで，子どもの姿を俯瞰し総合的に分析することができます。毎日継続して行うことが理想です。

1 「個人」を見取り，記録する

　見取りの場は2つ。主に学習と生活です。「気になること」「変化」を観点とした「その場記録」と，「事実」「分析」を目的とした「リフレクション記録」があります。

(1) その場記録

　客観的な記録を残すため，感想を交えず事実のみを記録します。

・学習は主に授業時間の発言や学習の定着度などを記録する。キーワードで手短に記す。ノートの画像を残す方法も有効。

・生活は休み時間や当番活動時などの特徴を記録。「できない」「やらない」などのマイナス点だけではなく，プラス面も記録する。

(2) リフレクション記録

　毎日数分間，一人ひとりの1日を想起する時間を確保します。1日に数名ずつ行い，1週間ほどで全員を記録できるようにします。

・大きな変化や気づきがなくとも記録する。「なんとなく元気がない」「発言が多かった」といった印象も記録しておく。

・「自分から友だちに声をかけていた」という事実に，「A子と気が合うよう

だ」などの分析も添えるとよい。

2 「学級」を見取り，記録する

　個々人ばかりに目が行くと，大局を見失うこともあります。ミクロとマクロの目で現状把握に努めます。

(1) 俯瞰的記録

　誰がどうしたという記録ではなく，「給食準備が遅かった」「朝は元気な挨拶」など，学級集団の姿を記録します。個人の記録と併せて読むことで，個人の集団との関係性を読み取ることができます。

3 継続可能な方法で記録する

　記録は続けてこそ価値があります。しかし，多くの時間を記録に割くことは不可能。効率的，効果的な記録方法を見つけましょう。

(1) 記録時間と場所の固定

　「放課後10分教室で」などのように記録のための時間と場所を決めておきます。10分が難しければ5分でもよいのです。子どもが帰ってすぐの教室であれば記憶も鮮明ですし，静かで集中しやすくもあります。

(2) 記録しやすい書式を選定

　記録簿は，使い勝手のよいものを用意します。「個人記録用」「学級記録用」は，縦軸に1週分の日付を。個人には横軸に名簿を足します。1週間分が見える形で記録することで，全体的な傾向を掴むことができます。また，何でもメモできるフリーページがあると便利。よいものが市販になければ手作りします。

- ●個人と集団の両方を見取ることで，学級が立体的に見えてくる。
- ●「その場」「あとで」を分けて記録する。
- ●見取る場，時間，方法を決め，欲張らずに少しずつ行う。

（宇野　弘恵）

④「気になる子」への アプローチ①

> 　学級の子どもたちを見たとき，もちろんどの子も気になるのですが，ここで言う「気になる子」は，発達について気になる子だとして，そのような子どもたちに対してのアプローチのポイントをいくつか示していきたいと考えています。

1　環境を整えよう

　発達障害（発達特性）のある子どもを中心とした，不適切な行動に対して正しく対処していくことは必要です。しかし，個に気を取られている間に，結局全体がぐじゃぐじゃになり学級全体が騒乱状態になってしまえば，最終的に「気になる子」の不適切な行動が増え，本末転倒です。

　まずは，「気になる子」を中心とした「安心して過ごしやすい教室環境」を育んでいくための「環境調整」を行います。

　教室での環境調整のポイントを以下に8つ挙げます。

①先生が笑顔でいる。

②教師の褒め言葉が多い。

③教師の話が短くて，わかりやすい。

④学級のルールが具体的でわかりやすい。

⑤失敗を許す言葉が多い。

⑥教師の予告が多く，見通しが立ちやすい。

⑦授業時間の中に動いたり，話したりする時間が確保されている。

⑧視覚情報が過度に多くなく，教室の中が整頓されている。

　一人ひとりの子が気になっても，年度当初からその子たちへの支援ができるかというとなかなか難しいというのが，正直なところでしょう。

　だからこそ，まずは「どの子にとっても」安心で過ごしやすい教室環境を作ることにエネルギーを注ぎます。

　それが彼らにとって結果的に非常に大きな支援となり，不適切な行動が起こりづらくなる背景となってくるのです。

2　突拍子もないように見える行動にも背景や理由がある

　何の脈絡もなく不適切な行動をすることは，そんなに多くないと感じます。

・そもそもいらいらしている原因はないか。

・気を散りやすくさせている原因はないか。

・その行動の前や後に何かの原因が潜んでいることはないか。

・その子にとって「すごく苦手なこと」を，教師も含めた周囲の人間は把握できているか。

　彼らの不適切な行動には背景や理由があり，適切な支援や対応を行うためには，まずそれを知ろうとすることが大切です。

　もし私たちが医者に行って，ろくに診察もせず「よくわかんないけど，とりあえず薬を出しておくから」と言われたらどう感じるでしょうか。

　薬を出す前に，まずよく見てほしいと考えるのではないでしょうか。

　「気になる子」に対しても同じように，「まずは何に困っているのか」「何が本当に苦手なことなのか」を見つけるようにします。

　その上で何をすればいいのかを考えることが正しいスタートとなります。

●まずは「環境調整」を考える。

●何に困っているのかを知ろうとする。

（南　惠介）

⑤「気になる子」への アプローチ②

前項ではまず「全体へのアプローチ」についてと，「背景」について述べました。

では，その背景を知るためにはどうしたらいいのでしょうか。そしてその背景に対してどのようにアプローチすればいいのでしょうか。本項では背景を知ること，そしてそのアプローチについて述べたいと思います。

1　特性を知る

同じ診断名がついていても，一人ひとりのお子さんの様子は違います。

「だから発達特性に対する知識はなくてよい」という訳ではありません。

古いナビゲーションシステムが少々遠回りをしても，結果的には近い場所に近づいていけるように，診断名や検査結果は大まかでも，大体の方向を指し示していると考えられます。

検査のデータなどがあれば，それをもとにしてスクールカウンセラーなどの専門家に解説してもらうことで，その子への関わりのヒントとなることも多くあります。

そして，さらにその子本人を見て「何が苦手か」「どういうときに不適切な行動を起こしやすいか」「何ができそうか」「長所は何か」などを見取っていくことも，特性を知る上でとても大切なことです。

そのような方法で，その子の特性や様子をつかんでいくことが支援のスタ

ートとなります。そしてそれをもとにして，何をすれば支援として機能するのかを本やインターネットなどで教師自身が学んでいく必要があります。

　ただし，素人判断で診断名をつけ，「だからだめなのよね」などと対応策について考えもせず，ただだめ出しだけするという「ラベル貼り」のような行為は人権的に問題があると考えます。

2　対応のセオリーを知る

　ここではスペースの関係で多くを示すことができませんが，いくつかの対応のセオリーを示したいと思います。

・一度受容し，その子のストーリーの中に入り込んでみる。
・禁止を伝えるのではなく，代替行動を伝える。
・感情的に対応しない。

　基本的には「応用行動分析」を中心に対応のあり方を学んでいくとよいと考えています。書籍なども非常に多く出版されていますので，ご自身に合う本を選んで，学ぶとよいでしょう。

3　保護者と専門機関とつながる

　支援が必要な子どもとつながることも大切ですが，保護者とつながることもとても大切です。家庭での様子を知ることで，多くの気づきがあります。そのためには，子どもの長所を多く見つけ，それを共有するということを考えていくようにするとよいでしょう。また，そうやって保護者とつながっていくことで，専門機関につなげていくことのハードルは下がっていきます。

　専門機関につなげていく中で，専門家の意見を聞くことは私たちにとってもとても勉強になることが多いです。

●特性と対応のセオリーを知る。
●保護者や専門機関とつながる。

（南　惠介）

⑥ 子どものトラブル

> 学校は子どもたちが集団で生活する場であり，大なり小なり毎日トラブルが起きます。「トラブルは指導するチャンス」ととらえ，子どもたちが成長していけるようにしましょう。前半に指導の基本的な考え方，後半には具体的な場面を取り上げ，トラブルの対応について考えられるようにしました。

1　子どもたちのトラブルはつきもの

　子どもたちが集団で生活すれば，トラブルは必ず起きます。それらの対応を間違うと，不信感を招き，学習の指導にも影響が出ることがあります。特に教師に余裕がないと，子どもたちに不満を残してしまうことが多いでしょう。教師に何かやらなければいけないことがあると面倒な気持ちにさえなってしまいます。

　しかし，子どもたちの立場になって考えてみれば，そのトラブルはそれまで経験をしたことのない出来事であったり，これまできちんと考え方が確認されていなかったりしたものではないでしょうか。トラブルが起きたとき，それに対する考え方をきちんと確認することができれば，同じようなトラブルは激減していきます。

　「トラブルはきちんと確認するチャンス」ととらえ指導し，子どもたちがきちんと理解できれば，その後トラブルは激減し，学級での生活は楽しいものになるでしょう。

2 トラブル指導の基本的な流れ

　子どもたちがトラブルを起こしたときは以下のような流れで対応します。

①トラブルを起こした当事者の子どもたちから1人ずつ話を聞く。

②それぞれの話にずれがないか確認する。ある場合はもう一度話を聞く。

③関わった子どもたちを集め，起きた出来事を伝える。

④子どもたちに「今後，気をつけていくこと」を確認する。

⑤必要に応じて人間関係が修復できるように子どもたち同士で話をさせる。

⑴　話を聞くときは指導しない

　トラブルが起きたとき，何があったか出来事を確認する必要があります。話を聞いているとついつい「そこが違うのではないの？」と指導したくなります。話を聞きながら指導すると，子どもたちは自分の都合のいいように話をするようになり，トラブルの解決が難しくなります。まずは何があったか，子どもたちが見て，感じていたことを聞ききるとよいでしょう。

⑵　話を聞くのは取り調べではない

　話を聞いていると，どうしても話がズレてしまうときがあります。他の子どもたちから話を聞いても事実がはっきりしない場合は，事実がはっきりしないなりにどうしていけばいいか考えていくようにします。

⑶　無理に謝罪させない

　「今後，気をつけていくこと」を聞いていると，自分が悪かったことや次からどうしていくかなどが語られます。トラブルの当事者がそれらを聞いていると，相手に自分の気持ちが伝わっていることがわかり，納得することが多いです。それらを確認しても，まだ伝えたい内容がある場合は，その子どもに話をするように促すとよいでしょう。最後に，本人たちが「謝り合いたい」と言うようであれば，その場を設けるとよいでしょう。

3 具体的なトラブル指導〈けんか編〉

> 休み時間になりました。授業の片づけをしていると，教室の後ろの方で「なんだよ!!」と叫び声がしました。見ると，男の子同士がつかみ合いをしています。慌ててその場に行き，なんとか二人を引き離しましたが，二人とも興奮状態でお互いのことを罵り合っています。

　上記のような場合，まずは現場の安全を確保することが最優先です。一人で抱えきれない場合は，周囲の教師と連絡を取り合い，対応するとよいでしょう。まずはそこにいた子どもの怪我の有無を確認します。怪我がある場合は，そちらの対応を優先しましょう。その後，何があったか事情を聞かなければなりません。以下のように話しかけます。

教師：「二人とも，何か気に入らないことがあったみたいですね。今からそれぞれから事情を聴きますが，これ以上，暴れたり，暴力をしたりしないことを約束して下さい。もし興奮してしまいそうな場合は先に言ってください。どうですか？」

　けんかの内容にもよりますが，大抵の場合は，約束を守るでしょう。約束をしていても守れなさそうだと思ったら，一人ずつ話を聞くことを伝えます。話を聞いていると途中から相手の子どもが割り込んでくることがあります。その子どもの話も後で聞くことを確認して，最後まで話すように促すといいでしょう。二人の言い分を聞いていて，どうしても辻褄が合わない場合は，周囲の子どもにも意見を求めます。

　事実が確認できたら，「自分が悪かったところ」や「これからどうしていくか」を確認します。お互いにそれを確認し，もしそのことを破ってしまったらそのときは教師との約束も破ったことになると確認するといいでしょう。「最後に話したいことがあればどうぞ」と伝えると，謝罪したい子どもは謝罪します。

4 具体的なトラブル指導〈物損編〉

掃除の時間，ふざけて鬼ごっこをしている子どもたちがいました。机の合間をすり抜けるように走っていたA子は，バリっという音がしたのを聞きました。見ると，教室に落ちていたB子のセロハンテープが割れていました。それを見たB子は泣き出してしまいました。

「掃除中に鬼ごっこをしていて，友だちの物を壊した」という話を聞いたら，頭ごなしにA子を叱りつけたくなりますが，大事なのは自分の非を認め反省し，次からこのようなことが起きないようにすることです。

また，この場合，A子と鬼ごっこをしていた子どももいたはずです。関係した子どもは全て呼び，どのような状況であったか確認します。確認する中で，A子と関係した子どもに反省の気持ちがあるかどうかを見極めます。子どもたちが反省したと判断したら，B子にそのことを伝えます。上手く伝えられそうであるならば，子どもたち自身に伝えさせてもよいでしょう。

物が壊れた場合は，加害者，被害者両方の保護者に伝える必要があります。「弁済」についても話題に上がることを頭に入れ，事前に学校としての対応を管理職や学年主任と確認しておきます。

また，B子の物が日常的に落ちている場合，教師も日常の指導を振り返り，修整する必要があります。

「物が壊れる」となかなかもとに戻すことは難しいです。壊れたという事実から，行動が変わっていくように指導していく必要があります。

●トラブルが起きたら，子どもから話を聞き取り事実関係を整理する。
●保護者に連絡するときは，複数の職員で連絡事項を確認する。

（松下　崇）

⑦ 日記の書き方

日記はただの宿題ではありません。書かせ続けることで子どもは自分の悩みや困ったことを書き始めます。子どもを知るための大事なツールです。はじめは書きにくい子どももルールを決めてやると2週間もすれば書けるようになってきます。

1　日記は続けることが大事　子どもが続けられる仕組みを作ろう

　子どもにとっても，教師にとっても日記は負担感があるものです。しかし，やればやるほど，日記を書くことによって得られる力の大きさがわかります。始めの2週間ほどはしんどいですが，その後は驚くほど書けるようになってきます。終わりの会や学級通信などで「いいな」と思える日記を紹介して，子どもの意欲を高めましょう。

　始めに「毎日書く」「曜日を決めて書く」「週末にだけ書く」など，子どもに書く日を伝えます。そして大事なのは「その日に出た日記は必ずその日のうちに，コメントを入れて返す」と「決して文章を直さない」です。1行でも2行でも構いません。子どもは返事を楽しみにしています。そして文章を直されると書く気を失います。これを続けることで自主的に日記を書いてくる子どもや自分の内面の悩みを日記に書く子どもが出てきます。日記は子どもを知る大事なツールです。

2 日記の書き方を教える

(1) 日記の書き方10か条

　子どもは，いきなり「書きましょう」と言っても書きにくいものです。そこで書き方のルールを決めると書きやすくなります。以下に紹介するのは私が所属するサークルの先輩でもある兵庫県の古川光弘先生の実践をアレンジしたものです。

【日記の書き方10か条】

１：日付をつける。曜日も抜かさない。

２：タイトル（題）をつける。

３：見開き２ページ書く。

４：自分の最高の字で書く。習った漢字は使う。

５：はじめ，中，終わり（起承転結）の書き方になっているか。

６：一文を長く書かない。きちんと区切る。

７：「。」で段落を変える。

８：一文書いたら，一字分あける。

９：あったこと（事実）だけではなく，自分の思いや考えを入れる。

10：ユニークな表現を取り入れようと努力する。

　日付やタイトルで２行使ったり，見開きで２ページに収めさせたりといろいろな工夫があります。一番のポイントは「８：一文書いたら，一字分あける。」です。「一文書いたら，段落をつける」のです。これにより子どもにとっては文量が多く感じる２ページも，あっという間に書けてしまいます。

● 日記は作文指導ではなく，子どもの内面が書けるようにする。

● 10か条で書きやすくする。

● 続けることで子どもに自信が生まれてくる。

（岡田　広示）

① 日直の仕事

> 日直の仕事は，学級生活を快適に過ごすための要になります。日直の仕事を担任がやることを想像しましょう。実は，できなくはありません。しかし，学級生活は担任と子どもたちの共同作業でつくると考えるなら，どのように仕組めばいいのでしょうか。

1　日直の仕事を子どもたちに任せる

　日直の仕事は，学級生活を快適に過ごすための要になります。子どもたちに任せるよりも，担任がやった方が上手くいくこともあるかもしれません。年度当初などは，担任が日直の仕事をやりながら，学級づくりを進める場合もあります。

　しかしながら，学級生活は担任と子どもたちの共同作業でつくると考えるならば，日直の仕事を子どもたちに任せることが必要だと考えます。担任が前に立っているときではなく，友だちが前に立っているときこそ，子どもたちの協力が試されるように思うからです。

　学級の実態に応じて，日直の仕事の内容や人数も変わってくると思います。1年生であれば，担任から日直の仕事の内容を提案し，手本を見せる必要があると思います。2年生以上であれば，どこまでを日直の仕事とするのかを相談することが必要になります。

2 日直の仕事をどのように仕組むか

(1) 日直の仕事の相談

次のような手順で，日直の仕事を相談します。

①今までの学年で，どのような日直の仕事があったかを出し合う。

②朝の会，給食，清掃，帰りの会などの内容について確認する。

③日直がやる方がいい仕事，他の当番がやる方がいい仕事を相談する。

④担任から，日直の仕事（授業の始まり）について提案する。

　※授業場面でも生活場面でも，学級生活を担任と子どもたちの共同作業で
　　つくるという考えから，授業の始まりを子どもたちに任せたいです。

⑤子どもたちの経験と担任からの提案で，日直の仕事を決める。

(2) 具体的な日直の仕事

例えば，こんな日直の仕事があるのではないでしょうか。

・朝の会の進行……あいさつ，朝の歌，健康観察，先生の話
　※ペアトークなどをする学級では，テーマを決める仕事

・帰りの会の進行……係からの連絡，整理整頓，先生の話，あいさつ
　※いいところ探しなどをする学級では，カード渡しなどを指示する仕事

・授業の始まり……漢字音読・新出漢字練習の指示（国語），教科書黙読の指示（算数・理科），都道府県音読・練習の指示（社会4年生以上）
　※不測の事態で，担任が授業に遅れたとしても，授業を始める

給食や清掃の場面でも，必要な仕事があれば，日直の仕事とします。

●学級生活は，担任と子どもたちの共同作業でつくる前提で考える。
●授業場面での日直の仕事について，担任から提案することもある。

（髙橋　健一）

② 朝の会と帰りの会

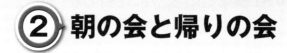

> 5〜10分程度の朝の会や帰りの会でも積み重なると結構な時間になります。「なんとなく」で行うのではなく，目的をしっかりと持ち，計画，運営できるようにしましょう。

1 朝の会・帰りの会は必要!?

　日本の公立小学校に通った経験のある方なら，「朝（帰り）の会をやったことがない」と答える人はいないのではないでしょうか。それだけ「当たり前」となっている「朝（帰り）の会」ですが，実は「やらなければいけない根拠」が学習指導要領のどこにも見当たりません。つまり，学校として「必ずやるもの」と設定されていないのであれば，やらなくてもいいものだと言えます。

　しかし，全国共通と言ってもいいくらい広まっているこのシステムが，今もなお，当たり前のように残っているとしたらそれなりに意味のあるものであると考えられます。「なぜやるか？」その目的を明確にして取り組む必要があります。

　朝（終わり）の会の目的は，以下のように大きく2つに分けられます。一つは，一日の見通しを持ったり，振り返りを行い，課題を把握したりするものです。もう一つは子どもたちが交流しながら，人間関係を育むものです。前者は教師主導で行いやすく，また時間が少なくても実施可能です。後者は，子どもたちが活動するので10分以上，時間が必要です。

2 朝の会・帰りの会で取り組む優先順位

(1) 必ずやらなければいけないもの～子どもたちの安否の確認～

子どもたちが無事登校したかどうか，毎朝，把握する必要があります。「健康観察」と題して，子どもたちがどのような状態でいるか確認してもよいでしょう。下校時も同様に，子どもたちの様子を確認する必要があります。

(2) やっておいた方がいいもの～先生の話～

一日の始めに，子どもたちに連絡事項を伝えます。一日の終わりには，教師からの評価を伝えます。「先生の話」は長くなりがちです。「短く」「わかりやすく」を心がけて，１分で伝えるつもりで用意することが大切です。

(3) 子どもたちが成長するために必要なもの

・**挨拶**……学級の全員で「おはようございます」「さようなら」と挨拶をします。目的に応じて活動を工夫するとよいでしょう。

・**お知らせ**……子どもたちからのお知らせの時間を設定します。係活動や当番活動，その他学校生活において学級の友だちに伝える必要があるものを伝える時間です。

・**振り返り**……一日の振り返りをします。記録用紙を用意して記入していく方法や友だち同士で伝え合う方法など，活動の方法は様々です。「友だちのいいところ見つけ」を設定してもよいでしょう。

その他にも，合唱や日直のスピーチなどを設定してもよいでしょう。

●目的と設定時間を常に考え計画，運営する。

(松下　崇)

③ 係の決め方

> 「係」とは，学級生活を楽しくするための活動です。決まった仕事があるわけではなく，自分たちで活動を考えて行うことを通して，創造性を高めていくことが目的になります。ここでは，「係」の決め方について紹介します。一例ですので，学級の実態に応じて活かしてください。

1 「係」の先に待っているもの

　「係」とは，子どもたちにとって創造性を高めるための活動になります。ここで高めた創造性は，高学年で行う委員会活動，中学校で行う生徒会活動の創造的活動に活かされていくと考えます。

　「係」の活動をやるかやらないかは，子どもの必要感によると思います。一人ひとりが考えて活動を生み出し，仲間と協力しながら創意工夫していくことのできる人になってほしいというのが願いです。

　「係」には，過去の学びが大きく反映されます。今回，決め方を紹介するのは，全員が参加できる型についてです。どの子どもも，どれかの「係」に所属することを前提とします。他の方法として，つくりたい「係」を考え，学級に呼び掛けて，一緒にやる仲間を募る方法もあります。どの方法を選ぶにしても，子どもたちのやる気が最大限に生かされて，活動を継続することを通した学びが大切です。

2 どのように「係」を決めるか

(1) 「係」を決める手順

次のような手順で「係」を決めていきます。

①学級に必要な「係」の案を発表し合う。

②似ている「係」の案を合体する。

③自分のやりたい「係」を決める（ネームプレートを貼る）。

　※対話や協働が必要と考え，2人以上で活動できることを条件とします。

④希望者が一人しかいない「係」をどうするかを考える。

　※希望者が一人の「係」のために，自分の希望と折り合いをつけて移動する子どもの存在を見落とさず，その視野の広さを価値づけます。

(2) 具体的な「係」例

例えば，こんな「係」を子どもたちは考えるかもしれません。

・**新聞係**……学級の出来事などの新聞を発行する。

・**飾り係**……学級の壁面などを，季節や行事ごとに飾る。
　　　　　　　（七夕の願いなど）

・**お笑い係**……朝の会などで，自分たちが考えたネタを披露する。

・**手伝い係**……友だちや先生が困っていたら，進んで手伝う。

・**お祝い係**……カードを作ったり，歌ったりして，友だちの誕生日を祝う。

・**イベント係**……みんなで遊びを計画し，運営する。

・**イラスト係**……イラストを描いて，欲しい人にプレゼントする。

活動が活性化するように，教師から肯定的な価値づけが必要です。

●自分たちで考えた活動に取り組み，子どもが創造性を高めていく。

●活動が活性化するよう，教師から肯定的な価値づけが必要となる。

（髙橋　健一）

第2節 学級の約束づくり

④ 当番の決め方

> 「当番」とは，学級生活を快適にするための活動です。毎日決まった仕事があり，それを忘れず行うことを通して，子どもたちが責任感を高めていくことが目的になります。ここでは，「当番」の決め方について紹介します。一例ですので，学級の実態に応じて活かしてください。

1 「当番」の先に待っているもの

　「当番」は，子どもたちにとって責任感を高めるための活動になります。ここで高めた責任感は，高学年で行う委員会活動，中学校で行う生徒会活動の常時活動に活かされていくと考えます。

　「当番」を仕事と考えるならば，やらされるのではなく，自分から進んで行うからこそ意味があると思います。一人ひとりが考え仕事を見つけ，周りのために進んで働くことのできる人になってほしいというのが願いです。

　「当番」には，日直，給食当番，掃除当番などがあります。今回，決め方を紹介するのは，子どもたちが学級に必要と考えた「当番」についてです。一人一役で行う場合は，学級の人数分の「当番」を子どもたちと考えるか，教師が考える方法もあります。対話や協働を必要とする場面を通して責任感を高めようと考えるならば，「当番」を複数人で行う方法を考えてみることも大切です。

2 どのように「当番」を決めるか

(1) 「当番」を決める手順

次のような手順で「当番」決めていきます。

①学級に必要な「当番」の案を発表し合う。

②似ている「当番」の案を合体する。

③「当番」ごとに必要な人数を考える。

④自分のやりたい「当番」を決める（ネームプレートを貼る）。

⑤希望者が多い「当番」は人数調整をする。

※自分のことよりも周りのことを考えて，別の「当番」にする子どもの存在を見落とさず，その視野の広さを価値づけ，フォローします。

(2) 具体的な「当番」例

例えば，こんな「当番」を子どもたちは，考えるかもしれません。

・**配り当番**……ノートやプリントなどの配り物を行う。

・**献立当番**……給食の献立を確認して，給食前に伝える。

・**保健当番**……健康観察やフッ化物洗口の準備と後片づけをする。

・**黒板当番**……１日の予定を書いたり，黒板を消したりする。

・**音楽当番**……朝の歌や歯磨きなどのときに，音楽を掛ける。

・**教科当番**……教室移動がある教科などの連絡を伝える。

・**チェック当番**……宿題や家庭学習カードなど提出物のチェックをする。

学級の実態に応じて，子どもたちと相談して決めてください。

●毎日決まった仕事に取り組み，子どもたちが責任感を高めていく。

●希望通りではなくとも，意欲的に取り組めるようにフォローする。

（髙橋　健一）

⑤ 班編成の方法

> 　班をもとに学級生活を創ろうという発想は，学級集団づくりにとって，必要不可欠であろうと思います。どのような方法を選択するとしても，目的を子どもたちと共有することが大切です。ここでは，班編成の方法について紹介しますが，学級の実態に応じて選択してください。

1　子どもたちに決まった座席があるならば

　ある会社では，働く人たちの座席は自由になっていて，集中したいとき，ゆっくりしたいときなど，自分の用途に合わせて選べるそうです。きっちりとした空間では生まれにくい行動や感覚が触発されて，コミュニケーションが活発化されるという効果があると聞きました。

　しかしながら，多くの教室では，子どもたちに決まった座席があると思います。その席をもとに生活班などの班編成が行われるのではないでしょうか。ならば，どのように座席を決めるのかが，大切になります。どのようなことを目的として，座席を決め，班編成をするのかを考える必要があります。

　学級によっては，生活班をもとに授業中の交流，当番活動，係活動，給食，清掃などが展開されます。また，学級によっては，班編成に影響を受けない活動が大半であるという場合もあるかもしれません。どちらにしても，何が目的なのかを子どもたちと共有する必要があります。

2 どのように班編成をするか

(1) 席替えをする目的を共有する

　私の学級では，くじ引きで席替えを行うようにしています。くじ引きにも賛否両論あることもわかった上で，敢えて，偶然性に任せています。

　子どもたちには，「隣の席の友だち，班の友だちと合う合わないは，人間同士だからあるかもしれません。でも，同じ学級の仲間です。協力するべきときには，誰とでも協力する人になってほしいから，敢えて，席替えはくじ引きにします。それが，まだ難しいというならば，席替えは先生が考えますが，どちらがいいですか」と目的を伝え，子どもたちに選択させます。

　どのような方法でも，「誰とでも協力する人になってほしい」など，担任の目的（願い）を子どもたちと共有することが大切です。

(2) 班編成の方法の具体例

　例えば，こんな班編成の方法があるかもしれません。

- ・担任が考えて決める……学力や人間関係を考え合わせ，学習や生活が上手くいくように意図して決める。
- ・くじ引きで決める……偶然性を大切にし，どんな状況であっても，子どもたちが協力する力を育むことを意図して決める。
- ・子どもたちが話し合って決める……自分たちの学級生活をつくろうとする意欲を高めることを意図して決める。任せるためには，子どもたち同士が，お互いのことを深く理解し合っていることを前提とする。

　学級の実態に応じて，どの方法を選択するかを熟考してください。

- ●学級の実態により，必要な配慮を考え合わせて，方法を選択する。
- ●班編成に込めた目的（願い）を子どもたちと共有する必要がある。

（髙橋　健一）

⑥ 座席の決め方

> 　座席を変えるだけで友だちと話しにくかった子が話せるようになったり，発表が苦手だった子が発表できるようになったりと大きな変化が起こることがあります。子どもと子どもの関係，教師と子どもの関係，子どもの学力形成，子どもの体の発達等々，教室の座席配置は子どもにとって大きな影響を与えていきます。

1　座席を決めるのは教育効果を上げるため

　教室内の子どもの座席は，その子どもが一日の大半を過ごす場所になります。そこから見える黒板の文字や友だち関係が「一人ひとりへの教育効果」として最大限生きるように配慮するようにしましょう。

　例えば，学習に取り組みにくい子どもがいたら「教師の近くがいいのか」「信頼できる友だちがいて，その隣がいいのか」などを考えておきます。かつて私に「黒板が見にくい」と言ってきた子どもがいました。そこで一番前の座席にしました。しかし「前より見にくくなった」と言います。そこで保護者とも相談し眼科を受診してもらうと，眼球移動が苦手で視野が狭く，ビジョントレーニングの必要性がありました（ページの関係でビジョントレーニングの説明については割愛します）。その子にとってベストの席は，全てが見渡せる一番後ろの真ん中でした。

　これは稀なケースですが，子どもの身長差や視力，色弱などの身体的配慮も忘れてはいけません。

2 座席の決め方の方法

(1) 子どもの視力や黒板の見やすさを最優先に！

　子どもの席を決めるときには「子どもの視力や黒板の見えやすさを再優先」に考えましょう。まずは「前の方がいい人はいますか」と尋ねて，前から2番目までの座席を指定させます。1番前が見えやすい子どももいれば，少し離れた2列目が見えやすい子どもや光の反射が強く窓際だと見えにくい子どももいます。子どもの学習効果を上げるために，身体的な配慮をしましょう。

(2) 一度，全員が座って見えやすさの確認をする

　座席替えが終わったら，黒板の文字の見えやすさを確認しましょう。教師が，黒板に授業で使うであろう3種類くらいの大きさの文字を書き，座ったままの状態で見えやすいかどうか尋ねます。もしも見えにくい子どもがいた場合は，座席を前の子どもと入れ替えるなどしましょう。席を入れ替えられる子どもにとっては「相手のことを思いやる行動」を学ぶ機会になります。私は席替えの度に「先生見えません」と板書して，後ろの方の子どもに読ませていました。そこで「席を前にしようか？」と切り返して「席を替わることも，相手を思いやること」であると教えていました。

(3) 学級の成長に合わせて席替えの不法を変える

　学級が成熟していくと，子どもたちの関係性が育ってきます。4月当初は教師が決めることの多い席替えも，年度の後半は，学級づくりの意識を高めるために子どもたちの話し合いで決めたり，偶発的な出来事にも対応できるようくじ引きやじゃんけんで決めたりするといいでしょう。

●座席替えは子どもへの教育効果を考えて実施する。

●子ども同士の人間関係が向上する方法を取ろう。

（岡田　広示）

 ⑦ 休み時間の過ごし方

> 子どもにとっての休み時間は，自由，休憩の意味を持ちますが，教師にとっての休み時間はその限りではありません。休み時間は，打ち合わせの必要があれば一度職員室に顔を出すこと，もしなければ子どもの様子を見るために一緒に過ごすことをお勧めします。

1　休み時間はゆっくり休む時間ではない

　学校の休み時間は午前中に20〜30分の長めの休み，給食後の昼休みが30分程度あるでしょう。

　子どもにとって休み時間は休む時間，自由に過ごす時間です。昼休みを大きな楽しみに登校している子どもも少なくありません。

　しかし，教師にとって休み時間はゆっくり休める時間ではありません。5分程度の休み時間であれば，次の授業の準備，トイレ休憩に使うことで終わるでしょう。昼休みなどの長めの休み時間は，一度職員室に顔を出すことをお勧めします。職員室の机上に急な配布物が載っている可能性もあるからです。また，提出物の把握，宿題の丸つけ，委員会指導などが入ってくることもあるでしょう。そのような意味で，休む時間にはなりにくいでしょう。また，そうした必要が特になければ，子どもたちが休み時間を過ごす様子を見る時間にすることをお勧めします。

　子どもがどこにいるのか，誰と過ごすのかを把握できるとよいと考えます。

2 休み時間の子どもの過ごし方を把握する

(1) 一緒に遊ぶ

　授業の終了と同時に教室を飛び出し，体育館やグラウンドへ出て行く子どもたちがいます。時々は一緒に遊ぶとよいと考えます。教室では見えない子どもの顔や表情，ときにはトラブルに出会うことがあります。

　逆に教室で座っているときには見えない，遊びの中での生き生きとした姿や意外な子どもの一面を見ることもできます。

(2) 教室でおしゃべり

　休み時間も自教室で過ごす子どももいます。仲間と集って絵を描いたり，おしゃべりをしたりする様子も見られます。ときには一緒におしゃべりをするなどその輪に加わってもよいでしょう。また，教卓から教室を眺め，教室で一人きりの子はいないか，力関係からくる表情のくもりなどはないかをさりげなく観察できるとよいと思います。

(3) 校舎を巡視

　週に一度程度，ぶらりと昼休みの校舎内やグラウンドを一巡することもお勧めです。学級の子どもが誰とどこで過ごしているかを把握するためです。図書室にいる子，委員会の仕事をしている子，下学年の教室で遊んでいる子など様々な姿が見られるでしょう。

●学年間の打ち合わせ，次の準備があれば一度職員室へ顔を出す。
●子どもの過ごし方を把握する。

（近藤　佳織）

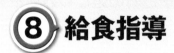

⑧ 給食指導

> 給食指導の肝は，みんなで楽しく食べることです。そのため，時間の確保，秩序と平等性の担保，安心を軸とした指導計画が必要です。

1 時間の確保

　食べる時間を十分に確保するためには，手早く準備をすることが大事です。４時間目を長引かせない，当番の仕事やシステムが明確である，当番の子以外は着席して待つ，などを大前提とし視点を３つ紹介します。

(1) 座席の配置の仕方

　給食時の座席の配置は，学級の実態や願いによって決定します。グループで席を向かい合わせるアイランド型，黒板に向かうスクール型などが多いでしょうが，いずれの場合も「通路の確保」に意識を向けます。

・アイランド型は真ん中をぐっと広げ，通路を確保する。

・スクール型は席と席をできるだけ広く配置する。

(2) 盛り付けの仕方

　効率よく盛り付けられるように，配膳台の上の配置を定めておきます。

・できるだけたくさん置けるよう，配膳台の上は端から隙間なくものを置く。

・手が交差しないように食缶と食器を配置する。

(3) 配膳の仕方

　「窓際から」「１班から」などのように，配膳順を決めておきます。二重配膳を確認する手間が省け，スムーズに準備することができます。

2 秩序と平等性の担保

⑴ 給食時に必要な秩序

　楽しい給食と大騒ぎをしながら食べることとは違います。外食時と同様に，他者に不快な思いをさせないマナーを教えることが大事です。

・グループ，隣の人と会話。離れた人と大声で話さない。

・咀嚼しながら会話しない。

・立ち歩かず，行儀よく座って食べる。

⑵ 給食時に必要な平等性

　全員に同じ分量ずつ配るのが基本。個別の量の増減，特定の子だけが得をしないシステムを敷くことが大事です。

・盛り付けの量を例示する。

・お代わりのルールを最初に明示。お代わりの時間や量を決めておく。

3 安心の担保

　事故やけがなく給食を終えることも大事な指導の一つです。

⑴ アレルギーの子どもの把握

　アレルギー食品の除去だけではなく，万が一の場合に備えての対処方法を確認しておきます。本人への啓蒙，養護教諭や保護者との連携も綿密に。

⑵ 偏食への配慮

　昔と違って，完食，偏食指導は求められていません。食べることの強要は，不安感を増し，嘔吐を誘発する場合もあります。

●食べる時間を確保するために，スムーズに準備する策を取る。

●楽しく美味しく食べるための給食指導をしよう。

●アレルギーや偏食対応は，慎重に。

（宇野　弘恵）

⑨ 掃除の方法

　掃除は勤労や協働のよさを体験する大切な時間の一つです。
　「掃除をすることで何を育てるのか。どんな力が育つのか」をはっきりさせること。掃除場所の清掃方法や掃除道具の使い方を教えること。この2つがわかると，子どもは自分たちで掃除をしていくことができます。

1　掃除のねらいを明確に持とう

　子どもに「何のために掃除をするの？」と尋ねられたら，どのように答えますか。「教室にありがとうの気持ちを伝えるため」「自分たちで使うところだから，自分たちできれいにしなければならない」「勤労の精神を養うため」など，いろいろな理由が考えられます。どのような意見でもいいので，教師であるあなたが「これだ！」と思えるねらいを明確にしてください。そして，子どもたちに掃除を指導するはじめに「床やロッカー，窓枠がきれいに磨かれている」「机が整っている」など，「理想とする掃除の結果」を見せましょう。つまり「教室の一番きれいな状態」を子どもに見せることで「めざす結果」をイメージさせるのです。子どもは，その姿を目標に掃除をします。

　子どもは「楽にできるものは，楽にしたい」と思うものです。ほうきをモップのように使ったり，片手で振り回すように雑巾をかけたりする子どもが出てきます。ほうきは板目に沿って縦に掃く，雑巾は縦に絞り両手でおさえて拭くなど，はじめにしっかりと掃除用具の使い方を指導しましょう。

2 掃除場所にあったシステムを作る

(1) 時間

　掃除の時間は，学校によって15分や20分と異なります。「掃き掃除に○分」「拭き掃除に○分」「机運びに○分」「ロッカー，窓拭きに○分」など，学級に任された掃除場所をきれいにするための時間配分を考えましょう。

【教室掃除15分の流れ：（　）内は，そこまでの目安時間】

　①一番前からほうきの先が床にぴったりつくように掃く。

　②机の前まで掃いたらちりとりに掃き込まずに端に固めておく。（4分）

　③掃いている間にロッカーや机を拭いておく。

　④掃き終わったら板目に沿って拭いていく。（7分）

　⑤前を拭き終わったら，全員で机を運ぶ。（10分）

　⑥前と同様に，後ろを掃き拭いていく。

　⑦全員で片付ける。端に固めたゴミを掃き込む。（13分）

(2) 必要な人数と必要な道具

　「特別教室は大きいけれど，運ぶものが少ないから4人ほどでいいかな」や「やはり教室に多くほしいな」など，掃除分担区に必要な人数を考えます。掃除をする場所が広くても机が固定されていたり，モップや掃除機を使うことができたりすると人数は少なくて済みます。

　最後に必要な掃除道具とその数を考えましょう。教室なら「ほうきは2本，窓拭き用雑巾2枚，それ以外の雑巾が4枚，バケツは2つ」，特別教室なら「モップ1本，雑巾2枚，バケツ1つ」などを用意します。

●子どもに掃除の意義と方法を教える。

●時間や人数の配分を考える。

（岡田　広示）

⑩ 子どもの迎え方

> 朝はできるだけ子どもを教室で迎えましょう。子どもの様子を見るためです。特に1年生は，教室に行けば担任がいるという安心感を持たせ，学校生活を軌道に乗せることが重要です。また他の学年にとっても，教室で朝迎えながらさりげなく様子を見ることができる大切な時間です。

1　朝は子どもと触れる貴重な時間

　朝は，できるだけ子どもの登校前に教室に行き，子どもを教室で迎えるようにしています。

　その目的は，子どもの登校時の様子を見るため，声をかけるためです。教室に入ってくるとき，一人か，誰かと一緒か，あいさつの声の大きさはどうか，表情はどんなふうかなどをそっと見ながら声をかけます。このとき，「Aさん，おはよう！　暑いね」などと名前を呼んで声をかけ，できればプラスの一言を添えるようにしています。

　特に学年が始まったばかりで安定する前や1年生を担任したときは，教室に教師が待っていることで教室が安心の場になることを心掛けました。

　登校し，ランドセルを片づけたり，宿題などを出しに教卓に来たりする子どもに話しかけ，おしゃべりをしたりします。全ての子どもと何らかのコミュニケーションを取るには，朝は個別に関わることができる貴重な時間です。

2 「おはようメッセージ」で思いを伝える

　朝，子どもが登校してくるまでに黒板にメッセージを書いています。おはようメッセージと呼んでいます。昨日の子どもたちのよかったところ，頑張っていた姿などを具体的に書き，朝の会の先生の話で読みます。

　おはようメッセージの効果は次の点です。

> １：子どもたちは「先生は見ていてくれる」「今日も頑張ろう」と前向きな気持ちで１日をスタートできる。
> ２：教師は肯定的に子どもを見る目が育つ。
> ３：伝えたい価値を共有できる。

　子どもの具体的な姿や，ときには個人名を挙げて頑張りを記述します。それを朝読むことで，仲間の頑張りに気づいたり，よさを共有したりする機会になります。

　また，教師にとっては，おはようメッセージに書くことを考えることでその日一日の子どもの様子を思い出したり，ときには他の先生に聞きながら子どものよい面を中心に書くことを探そうとしたりするので肯定的に子どもの行動を見る癖がついてきます。

　おはようメッセージを通し，話を聴く，仲間を大切にする，協力するなど学級で大事にしたい価値を共有したり，教師の願いを伝えたりすることができます。

●朝は教室で子どもの様子を見たり，声をかけたりできる貴重な時間。
●教室で子どもを迎え，黒板メッセージなどでつながる工夫を。

（近藤　佳織）

第2節 学級の約束づくり

⑪ 子どもの下校後

子どもを玄関で見送り，ホッと一息。会議や研修，課外活動などがない場合は，教室に戻り，短時間でも教室の整頓や今日の振り返りができるとよいです。余裕があれば子どもの様子，授業のことについてメモを残しておくと自分の振り返りと子どもの記録に役立ちます。

---

1 教室環境を整える意味

　子どもが下校し，放課後に会議や研修がないとき（あってもそれまでに少し時間があるとき）は，教室の整頓を行うことをお勧めします。子どもが自分でできるように帰りの会で「机の整頓をしましょう」と日直が声をかけるシステムにすることもできるでしょう。それでも机が曲がっている子，椅子が出ている子もいます。乱れた机や椅子，掲示物を簡単に整え，教卓の整頓をし，明日も子どもが気持ちよく教室に入ることができるよう環境を整えます。

　いつも整えておくようにすると，環境の乱れに気がつきやすくなります。乱れが続くと，自分自身に余裕がないことや子どもの疲れや様子の変化に敏感になるという効果もあります。

　また，見送った後で児童玄関の靴箱をチェックし，靴の様子から「慌てて帰ったのかな」「きちんとそろっているな」などと靴を見ながら今日の子どもの様子を思い出す，気になる子どものことを考える同僚もいました。

　環境が発するメッセージと整備による影響を活用します。

2　振り返りをルーティンに

(1)　黒板に「おはようメッセージ」を書く

　前節で述べたように黒板に子どもたちへのメッセージを書いています。下校後に黒板をきれいに消し直しながら，今日の学級の出来事，子どもの様子を想起し，よかった点を中心に黒板に書きます。終わったら写真に撮り，記録に残しておきます。その写真を学級通信に使い続けた年もあります。これは，学級や個々の子どものことを振り返る時間になっていました。トラブルなどの気になること，心配なことは，黒板に書くより仕事用の手帳にメモで残します。何かの役に立つかもしれません。

　子どもの下校後に即会議や研修などがあり，時間がないときはそれが終わってから振り返り，メッセージを書きます。もちろん，時間がなくできない日もあります。じっくり振り返ろうと気負わず，短時間でも，できる範囲で続けていくというスタンスです。

(2)　教室で明日の準備を

　教卓を整え，明日子どもが登校してきたときに宿題や提出物を出すかごなどを定位置にセットします。

　また授業の準備として教科書や指導書に簡単に目を通すことができるとよいでしょう。ワークシートを作成するなど準備に時間がかかるものは職員室に行ってパソコンを使う必要があるかもしれませんが，教室でできることは教室で行えると少しは気持ちに余裕が持てます。

●下校後は教室を整頓し，振り返りと明日の準備の時間にする。

（近藤　佳織）

第2節 学級の約束づくり

⑫ 座席配置の種類と目的

> 担任が前に立ち，子どもたちと向かい合い授業するスクール形式に限らず，コの字型，アイランド型などの座席配置を常とする学級もあると思います。どのように座席配置をするかによって，その隊形から子どもたちに向けて伝わるメッセージがあります。

1 座席配置の意味を考えると

　日本の学校教育で，一般的に採用されてきた座席配置に，担任が前に立ち，子どもたちと向かい合い授業するスクール形式（子どもの座席は前向き）があります。黒板が前面に１つある教室は，スクール形式を想定した構造だと言えるでしょう。一斉授業を行い，効率的に子どもたちへ教育内容を伝えることに目的がありました。

　しかし，主体的・対話的で深い学びを通して，資質・能力を育もうとする教育界の動向からすると，スクール形式に留まらず，様々な座席配置が目的を明確にしながら運用される必要があると思います。

　さらに言えば，座席配置に左右されない学習形態も有り得ますので，どの座席配置を選択するのかについて考えることも大切ですが，教師の教え方に留まらず，子どもたちの学び方についても強く関心を持つことが求められるのだと思います。

48

2 どのように座席配置を選択するか

(1) 座席配置の目的を共有する

　座席配置自体から，子どもたちに伝わるメッセージがあります。例えば，クラス会議の際に，椅子だけで輪を作る場合を考えてみましょう。どうして輪を作るのかという目的を子どもたちに伝えます。「椅子で輪を作って座りましたね。どうして輪を作るのだと思いますか。実は，輪を作るのには意味があります。円の中心からの距離が等しいということは，みなさんの意見が同じだけ大切なものだということを表しています。だから，全員で協力して，できる限り正確な輪を描くように心がけてほしいです。周りを見回してみて，今日の輪は，どうですか。きれいな輪になっているでしょうか」と伝え，子どもたちと目的を共有します。

(2) 座席配置と目的の具体例

　例えば，こんな座席配置があるかもしれません。

> ・**スクール形式**……一斉授業で，効率的に子どもたちへ教育内容を伝達する際に選択される座席配置。
> ・**アイランド型**……班活動をするときなど，友だちと相談したり，協力して作業したりする際に選択される座席配置。
> ・**コの字型**……話し合いや討論など，議論が必要な授業で立場を明確にする際に選択される座席配置。
> ・**セパレート型**……テスト，書写，図工など，集中して課題に取り組む際に選択される座席配置。

●座席配置自体から，子どもたちに伝わるメッセージがある。
●座席配置の目的を子どもたちと共有することが必要である。

（髙橋　健一）

⑬ 教室のインフラ

> インフラストラクチャー（インフラ）の意味は，「下支えするもの」です。教室で営まれる生活を下支えするのは何でしょうか。教室の中にある様々な物から，子どもたちはメッセージを受け取っています。教室の環境調整は，担任にとって大きな仕事の一つです。

1 教室のインフラから見えてくるもの

　教室のインフラと言われると，ICTの環境整備とか，子どもたちが使う道具（ホワイトボード，マジックペン，模造紙）の補完充実などのことが，真っ先に思い浮かぶのではないでしょうか。もしくは，「下支えするもの」という意味を考え合わせるならば，共有された学級生活のシステム（決まり事）を思い浮かべるかもしれません。

　それらもあると思いますが，ここでは，「隠れたカリキュラム」について考えてみたいと思います。「隠れたカリキュラム」とは，正規のカリキュラムの中にはなく，意図しないままに教室環境から伝わっていくものを言います。もちろん，教師自身も教室環境の一部であると考えています。

　例えば，担任が笑顔でいると，子どもたちに安心感が伝わります。担任がつくっている教室環境と言動の不一致は，子どもたちが実力を発揮できない原因の一つになります。担任の本音が教室のインフラから見えるからです。

2 教室のインフラ

(1) 安心感が生まれる教室のインフラ

　私の学級には，「ペンキチ」という皇帝（肯定）ペンギンの赤ちゃんのぬいぐるみがいます。出会いの際に，「この学級には，もう一人の仲間がいるので紹介してもいいですか。皇帝（肯定）ペンギンの『ペンキチ』と言います。私の名前は『健一』，彼の名前は『ペンキチ』です。間違えないでくださいね」と言うと，子どもたちは笑顔になります。

　「ペンキチ」がいると，子どもたちが担任に関わるきっかけにもなります。休み時間になると世話をしたり，自主学習で絵を描いてきたりして，担任と共通の話題で盛り上がることができます。「ペンキチ」がいるだけで，子どもたちにとって，担任が近い存在に感じられ，教室に安心感が生まれます。

(2) 教室のインフラの具体例

　例えば，こんな教室のインフラを整える必要があるかもしれません。

- **教卓の周り**……担任の周りの環境を整えることで，子どもたちに整理整頓された生活を送るようにメッセージが伝わる。
- **引き出し・ロッカーの中**……引き出し・ロッカーの中の整理整頓について，写真で示すことにより，整った環境の気持ちよさに気づく。
- **学習内容の掲示**……子どもたちが学習した内容を振り返ることができて，主体的に学習する際に，自分で学び方を選択する足場的支援となる。
- **成長の記録**……行事ごとの振り返り，話し合いの足跡など，子どもたちの成長の記録を掲示していくことは，次なるめあてを持つことに役立つ。

- ●教室環境から伝わる「隠れたカリキュラム」がある。
- ●担任自身も教室環境の一部であり，影響力が大きい。

（髙橋　健一）

① 自治的集団づくりとは

「先生がいなくても子どもたちで解決できる集団」≒自治的集団を目指すとき，きちんと考えておかなければいけないことがあります。子どもたちに何を委ね，教師は何をイメージすればいいのか。しっかりと考えて，自治的集団づくりをしましょう。

1 自治的集団とはどんな集団？

　多くの教師は「先生がいないと何もできない集団」から，「先生がいなくても，自分たちで解決できる集団」になることを望んでいると思います。教育の目的の本質が，子どもたちの自立を目指すものであると考えるならば，学級において自治的集団を形成することは重要であるはずです。

　では，自治的集団とはどのような集団でしょうか？　河村（2015年）は，「混沌・緊張期」「小集団成立期」「中集団成立期」「全体集団成立期」「自治的集団成立期」の5つを，学級集団の発達段階の目安として示しました。

　そして自治的集団成立期を「学級のルールが児童生徒に内在化され，規則正しい生活や行動が，学級全体的な規模で，温和な雰囲気のなかで展開されている。学級内の児童生徒同士が自他の成長のために協力できるようになっている。」と示しています。[1]

　「自分たちのことを自分たちでする」というざっくりとしたイメージのある自治的集団ですが，まずは自分で言葉にして具体的にイメージすることが大切です。

2　自治的集団づくりのポイント

(1)　あくまで自治「的」！

　自治的という指導の下，子どもたちが負えない責任を押しつけてはいけません。『平成29年版　小学校学習指導要領解説　特別活動編』に，学校として子どもたちに任せることのできない条件の例を以下のように示しています。

> 　例えば，個人情報やプライバシーの問題，相手を傷付けるような結果が予想される問題，教育課程の変更に関わる問題，校内のきまりや施設・設備の利用の変更などに関わる問題，金銭の徴収に関わる問題，健康・安全に関わる問題などが考えられる。

　上記のことを考慮に入れながら，指導に当たることが大切です。

(2)　教師の関わり方

　赤坂（2015年）は，野球の例を示しながら自治的集団にするためには，「直接的影響者から間接的影響者にリーダーシップを変換させていく」[2]ことが重要であると主張しています。子どもたちの能力や状態を見ながら，どのように関わるとよいか考えるとよいでしょう。

- ●自治的集団を言葉にして，具体的にイメージする。
- ●あくまで自治「的」。子どもは全ての責任を負えない。
- ●教師の関わり方も重要。

（松下　崇）

参考資料

1）河村茂雄・武蔵由佳編著『実践「みんながリーダー」の学級集団づくり 小学校』図書文化社，2015年，p.6
2）赤坂真二編著『学級を最高のチームにする極意 自ら向上する子どもを育てる学級づくり 成功する自治的集団へのアプローチ』明治図書，2015年，p.16

② 仲間づくり①

「子どもたちをつなげたい」という願いを持っていても，なかなかつながっていかないという経験を持つ教師は結構多いのではないでしょうか。子どもたち同士をつなげる前に教師と子どもがつながる必要があります。「安全の確保」をテーマに，教師と子どもが楽しい気持ちでつながっていきましょう。

1 子どもたち同士がつながる前に……

　学級担任なら，子どもたち同士が互いに信頼し合い，協力して目標に向かって取り組むようになってほしいと誰もが願っていると思います。

　そういった状態になるために，まず必要なのが，学級においての子どもたち一人ひとりの安心・安全の確保です。このことは，A.H. マズローによって提唱された欲求5段階説（右図）でも言われており，多くの教育実践家も発信しています。

　子どもたちが「この場は安全だ」と感じると，友だちと繋がっていこうとします。そして，子どもたちが「この場は安全だ」と感じるようにするために，まず教師と子どもたち一人ひとりが信頼関係でつながっていきます。

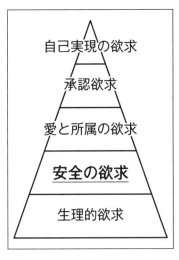

自己実現の欲求
承認欲求
愛と所属の欲求
安全の欲求
生理的欲求

2 教師と子どもがつながるために

(1) 教師と子どもがつながるゲーム

　ここで，教師と子どもが動きを合わせながら，心を通わせることのできる簡単なゲームを紹介します。

【心を合わせよう！　手拍子ゲーム】

① 「先生と一緒の動きをしましょう」と呼びかけ，ゆっくり手拍子をする。

② ゆっくりたたきながら，動きが合ってきたら教師は叩くふりをして途中で動きを止める。

　※教師の動きにつられて手をたたく子どもがいる。

③ 「今のようにフェイントをかけるので騙されないようにしましょう」と言い，手拍子をする。

④ いろいろなリズムで手拍子を行い，「おお，いいね！」など声をかけていく。

⑤ ゲームをして，楽しい気持ちになったことを伝え，終える。

---

(2) 共通点を見つける

　教師とつながりたくてもどのようにしていいかわからない子どもというのは，意外と多くいます。「そばとうどん，どっちが好きか？」「休みの日，朝起きたらすることは何か？」など，ほんの些細なことをきっかけにいろいろなことを話しましょう。「あっ，それわかる！」というようなことをお互いに増やしていくことで子どもたちは，教師を信頼するようになります。

●仲間づくりの第一歩は，教師と子どもがつながること。

●簡単なゲームや些細な話題で子どもたちとつながるきっかけを作る。

（松下　崇）

③ 仲間づくり②

　子どもたち同士の人間関係を築くために行った活動が逆に，子どもたちの人間関係を崩してしまっては本末転倒です。友だち同士が関わるような活動を行う際，トラブルが起きないようにするためにはちょっとしたコツがあります。それらをきちんと確認して子どもたち同士が人間関係を築いていけるようにしましょう。

1　子ども同士をつなぐためには……

　教師と子どもがつながり，安心を確保した場になってきたら，子どもたち同士が協力して取り組めるようにしていきます。授業中，友だちと相談する時間を多く取ったり，課題をグループで解決したりすることを通して，子どもたちが互いを受け止め合えるようにしていきます。

　ただ，課題やルールの設定を誤るとトラブルが起こり，子どもたち同士の人間関係が悪くなることがあります。子どもたち同士の人間関係を築こうとした活動が，逆に子どもたち同士の人間関係を崩すことになってしまっては本末転倒です。以下に上手くいかない状況を示します。

・課題が難しすぎて，友だちと揉めたり，責め合ったりする。

・グループ内で主張し合い，意見がまとまらない。

・失敗が怖く，友だちと関わり合おうとしない。

・どこがゴールかわからず，それぞれの活動がバラバラになったまま進む。

2 人間関係を円滑にする活動のコツ

　先ほど挙げたような状態にならないためにはちょっとしたコツがあります。読者の皆さんが子どもたち同士を関わらせようとするとき，以下のことがきちんと考えられているか見直してみましょう。

⑴　適切な課題が設定されているか

　子どもたちの人間関係が十分円滑で，さらに高いレベルで集団づくりをしていきたい場合は別ですが，基本的に，課題は子どもたち全員が確実に乗り越えられるものを用意します。特に取り組み始めた最初は，誰でもできるような課題を設定し，成功体験を大切にするといいでしょう。

⑵　子どもたちが何をすればいいかわかりやすく提示されているか

　課題を解決する際の手順やルールは，わかりやすく提示します。そうすることで子どもたちは自分の力を発揮しようとし，課題の解決につながっていきます。

⑶　活動後，子どもたちの行動の価値を伝える時間があるか

　友だちと関わるような活動をした後は，子どもたちの活動の中から「広がってほしいな」という行動を具体的な姿として共有します。また，その行動を見たときに，教師自身がどう感じたかつけ加えるとその行動の価値はさらに印象づけられます。自分たちの活動がどうだったか，振り返りの時間が取れるとさらにいいでしょう。

●適切な課題や手順，ルールの設定が大切。
●活動後，子どもたちの行動の価値を伝える時間を取る。

（松下　崇）

④ 班活動

自治的集団とは，子どもたちと担任が共に「課題の発見→取組の選択→取組の実践→成長の省察→（再び）課題の発見」のサイクルを回す中で育まれていくと考えます。その中で班活動をどのように活用していくことができるでしょうか。

1 班で活動する目的

　自治的集団づくりにおける班活動は，子ども一人ひとりが学級という集団を認識して，学級における課題や成果を自分事としてとらえるために必要な段階的な指導であると考えます。

　同じ学級で1年間，一緒に過ごしたけれど，ほとんど話をしたことがないなどという嘘のような本当の話を聞いたこともあります。意図的に子どもをつなげていく必要があり，他者のことをも自分のこととしてとらえる子どもを育てることが，私の課題意識の中心にあります。

　学級全体の中で対話することに，抵抗のある子どももいることでしょう。班活動では，日常的に継続される対話を通して，肯定的な関係も，否定的な関係も含め，集団と個人の関係を学ぶことが期待できます。

　その学びを足掛かりにして，班→学級→学校→社会→世界と，子どもたちが自分事としてとらえることの範囲が広がっていくことを目的とします。

2 班活動の必要十分条件

(1) 班活動を支えるもの

班活動を支えるものとして，お互いに関心を寄せ合う関係性が大切です。お互いに関心を寄せ合う関係性を築くためには，毎日の継続した班活動への挑戦と振り返りが必要となります。

毎朝，4人班でサイコロトークなど，テーマを決めて，対話をする機会を設定します。学年当初には，1分間と対話が続かないこともあるでしょう。特に学力の高い子どもは，対話をする必要を感じていない場合もあります。

まずは，対話を続けられたことを「お互いを大切に思って聞いたり，話したりできましたね」と肯定的な価値づけをします。少しずつ対話への意欲が高まり，時間が伸びていき，お互いに関心を寄せ合う関係性が築かれます。

(2) 班活動を促進するもの

班活動を促進するものとして，課題を解決する機会や価値を創造する機会を設定することが大切です。その課題や価値は，複数で協力しなければ解決できないこと，想像できないことが条件です。役割分担をして，各々が責任を持ち，解決や創造を目指します。

例えば，授業場面におけるジグソー学習など，班で協力して学習する中で，一人ひとりが学びに責任を持ち，取り組む経験を積み重ねていくことや生活場面におけるイベント活動など，班で協力して活動する中で，一人ひとりが役割に責任を持ち，取り組む経験を積み重ねていくことも必要です。

責任を持ち，取り組む経験は，他者貢献の大切さに気づく機会です。

●他者のことをも自分のこととしてとらえる段階的な指導である。
●責任を持ち，取り組む経験は，他者貢献の大切さに気づく機会。

（髙橋　健一）

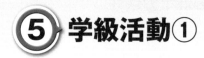

⑤ 学級活動①

学習指導要領の学級活動の内容は大きく３つに分けられます。
(1)学級や学校における生活づくりへの参画／(2)日常の生活や学習への適応と自己の成長及び健康安全／(3)一人一人のキャリア形成と自己実現です。ここでは主に(1)について述べます。

1　学級や学校における生活づくりへの参画を促す話し合い活動

　学級や学校での生活をよりよくするための課題を子どもが見出し，学級会などで話し合い，自分たちの生活を改善するための解決策を出し合い，実行し，改善することです。まず，子どもが話し合いたいことを話し合う時間を学級活動で設けましょう。できれば週に一度程度，位置づけます。

　話し合う議題は，最初は子どものつぶやきを拾ったり，教師から，子どもが問題を課題としてとらえられるような働きかけをしたりしながら出していきます。教室に議題箱を置き，話し合いたい議題ができたときに子どもが書いて入れておくという仕組みをつくることも議題が出るためのよい手立てです。

　低学年では，基本的な話し合いの進め方を身につける，中学年では，決まったことを協力して実践できるような指導，高学年では，建設的な話し合いから，活動を振り返り，次に生かしていくことを意識するなど，発達段階に応じた配慮が必要です。

2 学級活動の学習過程

時事通信出版局編『授業が変わる！ 新学習指導要領ハンドブック 小学校編』時事通信社，2017年を参考に筆者作成

　学級活動における学習過程で気をつけたいことを挙げます。

　それは子どもが1で問題認識をし，課題設定ができるかどうか，です。

　例えば，教師が「人間関係が固定しているのか，大勢で遊ぶ様子があまり見られないな」「廊下で騒いだり，走ったりする子が気になるな」と思ったとします。しかし，子どもは，そのようなことを感じていなかったり，問題として認識していなかったりすることがあります。そんな時，子どもが2の課題設定をすることができるような手立てが必要です。

　例えば，教師が「月が替わりました。さらに学級をよくしていくためにできることはあるでしょうか」と投げかけたり，学級のことで気がついた子どもがみんなで話し合いたいと議題を提案できる仕組みがあったりするとよいでしょう。

●学級や学校の課題を話し合い，解決策を実行するサイクルをつくる。
●子どもが問題を課題としてとらえることができる手立てを講じる。

（近藤　佳織）

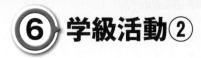

⑥ 学級活動②

　学級活動における話し合い活動をどのように進めるとよいでしょうか。学級会，クラス会議……。話し合い活動の形式や方法はいくつかありますが，ここでは「クラス会議」の理念と方法を紹介します。

1 「クラス会議」とは

　「クラス会議」とは，ごく簡単に言えば，話し合い，解決策を実行することを繰り返しながら問題解決過程を学ぶ実践です。

　「クラス会議」は，話し合い，問題解決を行うことを前提に，次のようなことを子どもに教え，または実感させる次のような内容があります。

・輪になって話そう，順番に発言しよう。参加者は対等である。

・ポジティブな感情を伝え合おう。

・聴いていることを態度で示そう。

・相手の気持ちを考えて話そう。

・一人ひとり，物の見方や考え方は違う。ベターな解決策を考えよう。

　話し合い，他者の意見を聞いたり，考えを話したりすることを通し，他者への信頼と尊敬や折り合いをつけることを実感する場でもあります。

　これらを身につけ，解決策を実行することを積み重ねる過程で学級や学校における生活づくり，そのための問題解決過程を体験的に学びます。

2 クラス会議の実際

「クラス会議」の45分の流れの例と配慮点を以下に紹介します。

---

①肯定的な感情を共有する（ハッピー，サンキュー，ナイスを交流）。

②前回の議題の振り返り。

③今日の議題の確認。

④解決策を出し合う（拡散）。

⑤解決策に対する賛成点，心配点を出し合う。

⑥解決策を決定する（収束し，合意形成）。

⑦決まったことの確認。

---

①は，話し合いの雰囲気づくりのために行います。安心して自分の意見が出せる場となるように肯定的な感情を共有します。話し合いの時間を十分取るために，①を小グループで行っている実践もあります。④では，最初はできるだけたくさんの意見が出ることに価値を置きます。⑤では，その解決策を実行したらどうなるかを予測し，「……だから賛成です」「……になるのが心配です」と意見に対し結末を予測した検討を促します。⑥では，議論後，最終的に実行する解決策を多数決で決定します。もし実行した解決策でうまくいかなければ，また別な解決策を実行します。こうした過程を繰り返すことで学級や学校の生活を自分たちで改善していくことを目指します。

話し合って終わりではなく，日常で解決策を実行している姿に関心を示したり，振り返りの場を設けたりし，サイクルを継続することが重要です。

●議題を話し合い，解決策を決定し，実行するサイクルを継続する。

●決まった解決策を実行している姿に関心を寄せる。

（近藤　佳織）

⑦ 学校行事①〜運動会〜

> 運動会は学校行事の中でも特別な行事と言えます。行事を通して，何を育てるのか，目指すゴールを明確に持ちながら指導することが大切です。また，運動会に向けて，慌ただしく毎日が過ぎていきます。忙しい中でも地に足をつけて落ち着いて取り組めるようにしましょう。

1　運動会の目的は，「感動」や「達成感」!?

「運動会」という行事は，子どもたちのみならず保護者，地域の方々も楽しみにしている行事です。もちろん，教職員にとっても大切なものであるでしょう。『平成29年版 小学校学習指導要領』の特別活動の章で健康安全・体育的行事について以下のように書かれています。

> 　心身の健全な発達や健康の保持増進，事件や事故，災害等から身を守る安全な行動や規律ある集団行動の体得，<u>運動に親しむ態度の育成，責任感や連帯感の涵養，体力の向上</u>などに資するようにすること。
>
> 　　　　　　　　　　　　　　　　　　　　※下線は筆者によるもの

運動会という行事は，その性格上，「感動」や「達成感」が目的になりがちです。下線を引いて示したような本来の目的を見失わないためにも，まず学校毎に設定されている運動会の目的を確認するとよいでしょう。

2 運動会指導で大切なこと

(1) 見通しを持って行動できる子どもを育てる

　学校全体で行動することが多い運動会は，必然的に子どもたちが教師の指示に従って行動することが多くなります。運動会への取り組みを通して，子どもたちが自分で考えて，行動できるように環境を整える必要があります。体育着を着替えるタイミングや道具の準備，校庭や体育館への移動や集合の仕方は，その都度教師が指示するのではなく，自分たちで予定を確認しながら行動できるように，ルール作りをするとよいでしょう。

(2) 落ち着かない日々こそ，授業のルールやマナーを大切にする

　運動会の練習は，学年単位以上で行うことが多く，普段とは違う時間割で進められていきます。子どもたちは落ち着きがなくなりがちです。落ち着いて学習に取り組めるよう，授業内容や学習方法を工夫したり，身の回り，特に机上を整理整頓したりして，学習を進めていくとよいでしょう。

(3) 友だちと関わり合う時間を保障する

　運動会の練習のときだけ関わるのではなく，日常生活でも声をかけ合えるようにしましょう。また運動会の取り組みについて，給食を食べながら振り返ったり，帰りの会の時間に生活班で「いいこと見つけ」をしたりすると，時間のない中でも効率よく関わることができるでしょう。

- ●各学校で設定されている運動会の目的をまず，確認する。
- ●子どもが見通しを持って行動できるように環境を整える。
- ●授業のルールやマナーを丁寧に確認する。
- ●友だちと関わり合う時間を保障する。

（松下　崇）

 8 学校行事②〜文化的行事〜

> 　秋になると，文化的行事に取り組む学校が多くなります。発表が中心になる行事ですが，その目的は子どもたちの成長に他なりません。子どもたち同士が関わり合いながら，自他を見つめ成長していけるように，活動を設定することが大切です。

1 文化的行事は運動会と何が違う!?

　運動会と同じくらい大きな行事に，「文化的行事」があります。具体的に言うと，学芸会や学習発表会，音楽会や作品展示会などです。これらも運動会同様，きちんと目的を確認することが大切です。『平成29年版 小学校学習指導要領解説 特別活動編』には文化的行事の目的について，以下のように書かれています。

　児童が学校生活を楽しく豊かなものにするため，<u>互いに努力を認めながら協力して，</u>美しいもの，よりよいものをつくり出し，<u>互いに発表し合うことにより，自他のよさを見付け合う喜びを体得するとともに，自己の成長を振り返り，自己のよさを伸ばそうとする意欲をもつことができるようにする。</u>　　　　　　　　　※下線は筆者によるもの

　文化的行事への取り組みを通して，教師が発表の質にばかり目が行き，下線を引いて示したものを忘れてしまわないように注意が必要です。

文化的行事に取り組むポイント

(1) 定期的な振り返りをシステム化しよう！

　文化的行事の目的を達成するためには，振り返りが欠かせません。以下のような手順で取り組みます。

①当日の目指したい姿を設定する。

②当日の目指したい姿にむけて取り組む目標を設定する。

③取り組む目標をチェックリストとして設定する。

④１週間に１回程度，振り返りのワークシート（右）を友だちと見せ合い，意見を交換する。

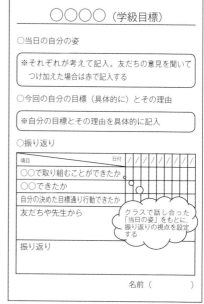

(2) 練習のコツは「短く」「何度も」

　発表に向けて練習する際，細かい部分をクラスごとに練習するときがあります。きちんと時間を確保して練習することが大切ですが，そればかりやっているわけにもいきません。また，繰り返し練習していると，子どもたちの意欲も下がっていきます。そこで，指導するポイントを１つに絞り，５～10分の練習を一日のうち，２，３回行います。授業の冒頭や最後，または間に入れることによって集中して取り組むことができます。

●文化的行事の目的を確認する。

●振り返りの時間を設定し，目的にそって振り返れるようにする。

●クラス練習は「短く」「何度も」行えるようにする。

（松下　崇）

⑨ 委員会への参加

　子どもたちがクラスを離れ，学校全体のことを考えて活動する委員会活動。学級とは違う場所でも自分の力を発揮してほしいものです。委員会活動が始まる第一歩にむけて，学級でしっかりと指導して子どもたちを送り出しましょう。

1 委員会活動で目指すべき姿

　学校の上級生が学校全体のことを考えながら協力して取り組む委員会活動ですが，担任としてちょっと配慮するだけで子どもたちの活動は充実したものになります。委員会活動は，小学校学習指導要領の中では「児童会活動」という名前で位置づけられています。『平成29年版 小学校学習指導要領』の特別活動の章では，「児童会の組織づくりと児童会活動の計画や運営」について以下のように書かれています。

　児童が主体的に組織をつくり，役割を分担し，計画を立て，学校生活の課題を見いだし解決するために話し合い，合意形成を図り実践すること。

　委員会活動において，子どもたちに「主体性」と「問題を解決する力」が求められていると言えます。

2 委員会活動の決め方

(1) 委員会活動の目的

　子どもたちの主体性を引き出すためには，委員会活動の目的を共有することが大切です。学校毎に委員会活動の目的が設定されているのでその言葉を簡単にしたり，具体的な活動として説明したりしてイメージを持てるようにするとよいでしょう。

(2) 委員会活動の決め方

　委員会活動の決め方は学校によって違います。例えば，あらかじめ入る委員会や人数が決まっていてクラス内で調整する方法や，希望だけ取り調整は学年全体で行う方法などです。

　子どもたちに委員会活動の目的を説明した後，実際に委員会を決める際，希望したものに入れないとなると，主体性は大きく損なわれます。「じゃんけん」や「くじ引き」などでは決めず，話し合ったり，子どもの思いを聞いたりして決められるようにしましょう。またクラスごとに決め方が違うと，トラブルの原因にもなります。学年や学校全体でよく確認するとよいでしょう。

(3) 当番的活動と学級のルールのすり合わせ

　委員会活動の中には，動物の世話や校内放送などの当番的活動があります。それらの活動をすることで，学級のルールと合わない部分が出てくることがあります。委員会担当の教員とよく確認し，子どもたちにとってよりよいルールを設定するといいでしょう。

●委員会活動では，主体性や問題解決の力を養う。

●目的を確認したり，決め方を配慮したりして，主体性を引き出す。

●当番的活動の内容を確認し，学級内のルールを設定する。

（松下　崇）

第2章

学級を最高のチームにする！

授業づくり
365日の仕事術

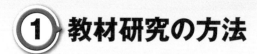

① 教材研究の方法

> 「教材研究」という言葉は，どこでも聞かれる言葉ですが，要するに教材研究とは何をすればいいのかと問われて，皆さんはどう答えますか。
> 　実際に授業を行うための「教材研究」。この教材研究を行う上でのポイントがあります。

1　教材研究の5点セット

　「なかなかうまくいかない」という若手の声を聞き，実際に授業を見に行き，授業メモあるいは授業の計画を書いたノートなどを見せてもらうと共通点が見えてきます。

　「説明」しか書いていない。なるほど，それだとうまくいきません。

　授業メモやノートには次の5項目を記入するようにするといいでしょう。

　　①説明　②指示・発問　③子どもの活動　④子どもの反応　⑤評価

　もちろん，毎日，全ての授業でこの5項目を書く必要もありませんし，意図的にキャリアを重ねていくことで省略できるものもありますが，最初の数年は上の5項目を可能な範囲でメモの中に位置づけるようにするだけでも授業の上達具合は大きく変わっていきます。

2　「生きた授業」になるためのポイントは？

　授業を考えるとき内容や説明を最初に考えていると思いますが，本当に重要なのは「子どもの活動」です。

いくら話が上手でも１時間聞き続けるというのは，苦痛なはずです。

　ですから「書く」「読む」「話し合う」（誰と，どのように，何を）などの活動を入れて授業メモを作っていきます。

　さらに，その活動を促すための「指示・発問」はどのようなものがよいかを考えることで，子どもたちの動きが生まれる「生きた授業」となります。

　年間を通して授業で子どもたちを育てるという観点から言うと，「評価」は外せません。「評価」といっても難しいものではなく，「たくさん発言した子をほめる」とか「ノートに〇〇というキーワードが出たらほめる」などの学習規律に関することや，授業の内容を深めるものなどを簡単にメモしておくだけでもよいでしょう。

　そうすることによってその１時間が「何のために行われているか」が授業者にとって明確になってくるのです。

3　完成した板書から考える

　先に授業の最後の板書を書いてから，授業の全体像を考えるという「逆思考で考える」方法で行う教材研究もあります。

　授業の終わりに残っている板書は，結局子どもたちにとって何ができていればいいか，何がわかっていればいいかが端的に表されているものです。

　その板書をもとにして，では最初の発問は？　指示は？　と考えていくことで，授業のデザインを作っていくのです。ただ，その際にも，１で示した５項目を念頭に置いて考えていくことをお勧めします。

● 「指示・発問・子どもの活動・子どもの反応・評価」を考えるのが「教材研究」である。

●どのような活動をさせ，何ができるようになればよいかを考える。

●板書から逆思考で考えていくという方法もある。

（南　惠介）

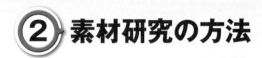

② 素材研究の方法

　「教材研究」という言葉に比べると，あまり耳にすることのない「素材研究」という言葉。

　しかし，授業そのものを誠実に，正確に教えるためには「素材研究」は必須であり，それが子どもたちの「深い学び」や「面白さ」を感じた時の喜びの表情につながっていくことも多いのです。

1 教材研究と素材研究の違い　

　教材研究とは，簡単に言えば前項で述べたように「いかに授業を進めていくか」を考えることですが，素材研究はその授業の教材そのものについて教える側の教師が理解を深めるということです。

　まず第一に教科書をしっかり読むことがスタートになります。

　そして，次に算数で言えば「朱書き」と言われる教科書に説明や解説が書いてあるものを隅まで読みます。さらに指導書と呼ばれる詳しい解説書を読みます。そうして，その単元と学年をまたいだ他の単元との関連，その教材の理解そのものをより深くすることが必要になってきます。

　指導書を読むだけでなく，他の資料に当たったり，書籍を読んだり，インターネットで調べたりすることで，よりその「教材そのもの」の理解を深めることができます。また，指導要領を読み込むことで，なぜその教材が設定されているか，どのようなことをそもそも学べばよいのかということを知ることができます。高いものではないので，総則をはじめとして各教科をそろ

えておくとよいでしょう。

　読みながら、「はてな」をたくさん思いつくことが、素材研究の質を上げますが、この「はてな」をたくさん見つけるためには、質と量と経験が関係してくるので、少しずつでも研究を進めていくとよいでしょう。

2　一例としての国語の素材研究

　例えば、国語の戦争教材を扱うとします。

　現代の感覚で言うと「戦争にはみんな行きたくないと思っている」「みんな嫌だと感じている」ということが前面に出てくるかもしれません。

　しかし、その時代の背景を資料などを通して知ることで、もちろんそういった感情もあったにしろ、それが決して国民全体にとって中心的な考え方や感じ方ではなく、案外「戦争があることが当たり前」だったということがわかってきます。そのようなことを知るだけでも、授業そのものが変わってきます。

　国語の素材研究としては次のような項目を挙げることができます。

　○作者　○時代　○作者の他の書籍　○独特の言い回し　○引用されている文献や文章　○難解語・難読語　○気になる言葉や言い回し　○使われている漢字　○助詞も含めた言葉や言葉の使われ方　○既出の解釈・書評

　こういった内容を可能な範囲で行うことで、授業そのものが深く、豊かになっていきます。

- ●教材を前にして授業者がどれくらい「はてな」を持てるかが勝負。
- ●まずは「指導書」や「指導要領」を足がかりにする。
- ●さらに辞書や資料で積極的に調べよう。

（南　惠介）

参考資料

・南惠介『国語科授業のトリセツ』フォーラムＡ企画，2018年

③ 板書の方法

情報技術の発展が目覚ましい昨今，子どもたちとの情報共有の仕方も変化していくだろうことは，容易に想像できると思います。そんな中で，板書にはどのような意味があるのでしょうか。何を大切に考え，板書を活用していけばよいのでしょうか。

1 板書の意味を考える

　子どもたちが生きる未来は超スマート社会です。学校現場では，デジタル教科書，電子黒板，タブレットなどを活用して，試行錯誤しながら授業しているのではないでしょうか。そんな中で，板書の方法には，どのようなものがあるのでしょうか。

　私は，授業によって様々な板書があってよいと思います。例えば，学習の課題やまとめを書くことは大切かもしれませんが，それが絶対でしょうか。もしも，板書に成否があるとするなら，子どもの学習にとって有効な働きをしていたかどうかで測れるかもしれません。

　情報技術が発展して，授業中に子どもたちが情報機器を使いながら情報を得ることが一般化する日も遠くはないでしょう。それでも，担任が板書することにより，子どもたちと一緒に，それらの情報を統合したり，分類したり，検討したりする機会をつくることは大切です。

2 板書をどのように構想するか

(1) 板書の機能

板書は，子どもの学習を補助する機能を果たします。

①流れと見通しを示す。

　※子どもたちの課題解決の足跡が示され，振り返りにも活用できる。

②情報を共有，整理する。

　※内容の理解・定着，子どもが学びの主体となるための情報がある。

③思考・判断を促す。

　※課題解決に至るための手がかりがあり，子どもの作戦基地となる。

④関心・意欲を高める。

　※子どもたちが板書をしながら学び合い，伝え方を学ぶ機会となる。

(2) 板書の計画

　ねらいの達成に向け，どのような学習課題を設定するか，どのような活動を取り入れるか，どのようなまとめにするかなどを考え，授業の流れとして構造的に示すのが，板書の計画です。

　板書の計画を行うことは，授業力の向上につながります。なぜなら，板書の内容を検討することは，子どもの考えや反応を予想したり，資料提示や発問・指示・説明を検討したりすることになるからです。

●子どもの学習にとって有効な働きをしていたかが大切である。
●構造的な板書の計画を行うことは，授業力の向上につながる。

（髙橋　健一）

参考資料

・大前暁政『スペシャリスト直伝！ 板書づくり成功の極意』明治図書，2012年

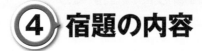

④ 宿題の内容

> 　毎日の宿題がなくなったら，教師も子どもも幸せなのでしょうか？
> 宿題になぜ取り組むのか，という目的を確認することが大切です。その
> 上で，目的に向かってどのような内容を設定するといいか，検討します。
> 今回は基本的な内容を紹介します。

1　宿題をどのように位置づけるか!?

　昨今，宿題については様々なところで議論されています。「宿題」と聞く
と，当たり前に「出されたらやらなければいけないもの」と考えがちですが，
子どもたちに家庭での学習を強いることによって，きちんと目的を達成して
いるか確認する必要があります。ある子どもにとっては「学習内容の定着」
であり，ある子どもにとっては「学習習慣の定着」であるとするのならば，
確認するために見るものが変わってきます。宿題が担任裁量で設定できるも
のであるならば，自分なりにきちんと目的を明確に持っている必要がありま
すし，学年，学校単位で設定されているものであるならば，その目的を議論
してから，宿題を出す必要があります。

　そのことを踏まえた上で，ここでは基本的な宿題の内容について紹介しま
す。目的と照らし合わせながら内容を設定し，子どもたちの家庭学習が充実
したものになるようにしましょう。

プリント	毎日，何がどのくらいあるかわかりやすい。印刷が手間。
漢字練習	毎日の積み重ねが成果につながりやすい。「ノートを字で埋める」という作業になりやすい。
音読	毎日の積み重ねが成果につながりやすい。多様な音読教材を用意しないと，マンネリ化する。
計算問題	繰り返し練習することで，定着することが多い。学校で理解していないと，宿題を苦痛に感じやすい。
調べ学習	学校の学習をもとに，それぞれが自分で調べる学習。調べる際，家庭環境がどのようになっているか配慮が必要。
自主学習	自分で課題を設定して取り組む方法。課題をどのように設定するか，どのように行えばいいか，最初にきちんと説明する必要がある。また，定期的に子どもたちにフィードバックが必要。
日記	様々な気づきが子どもにも担任にもある。クラス全員分の日記に目を通すだけでも一苦労。

　宿題のチェックをどのように行うとよいか，返し方はどうするかなど，教師も子どもも宿題に振り回されることのないようなシステム作りが必要です。

- ●宿題をなぜ出すのか，目的をきちんと持つことが大切。
- ●毎日の宿題に振り回されないよう，システム作りが必要。

（松下　崇）

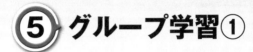

⑤ グループ学習①

> グループで学習することは，子どもたちにとっても，先生にとっても，うまくいけばとても有効な方法です。
>
> どうすれば，スムーズかつ効果的に進んでいくのでしょうか。

1　席の配置を考える

　普段しないことを突然させられるのは，大人にとってもなかなか難しいことです。多くの学級の様子を見て，「このクラスはあまりグループ学習がうまくいかないだろうな」と教室に入った瞬間に感じます。

　ポイントは「席の配置」です。

　席の配置が，日常的に話し合いをしているように感じず，それぞれ孤立しているように見えるのです。

　では，どのような配置がよいのでしょうか。

　まず，基本的には隣の席がくっついている状態が基本となります。

　「いつでもちょこっと相談できる」状態です。

　しかし，それだけでは不十分です。

　グループ学習や話し合いに適した席に変化させられるかどうかも重要です。

　2人で話す方がいい場合があれば，5人前後のグループで話し合う方がいい場合もあります。

　さらに学級全体で話す場合もあります。これも黒板を前にして全体で話す，全員で顔を見ながら話すという大きく2つのパターンが考えられます。

【一例】

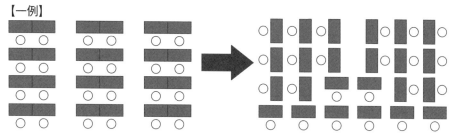

　そのような席の配置と変化形態を考えておくと，授業や活動を考えていく中で「どの形を使おうか」と考えるようになります。

　まずは，そのような席の配置を考えることで，自然とグループ学習を行おうとする雰囲気が生まれるのです。

2　グッズを用意することで，グループ学習を促すことができる

　私は年度当初，コピー用紙をラミネートした「簡易ホワイトボード」を5人前後に対して一枚の割合で作ります（30人学級なら6つ）。

　「さて，それを使ってどのように学習しよう？」

　そう考えたときから授業者の頭の中でグループ学習がスタートします。

　「何を書かせるのか。どう話し合いをさせるのか」

　グッズがあることで，グループ学習を念頭に置いた授業作りがスタートするのです。そして，子どもたちはそういうグッズが大好きです。

　席の配置もそうですが，そういうグッズが子どもたちのグループ学習への意欲を喚起し，楽しくグループ学習を始めることができます。

●席の配置の色々なパターンを知る。
●ホワイトボードなどのグッズを使う。

（南　惠介）

⑥ グループ学習②

> さて，席やグッズなどの環境は整いました。
> では，どのような形でグループ学習に取り組めばいいのでしょうか。

1　「話す」機会を作る

まずは日常的に「話す」機会を多く設定するようにします。

前項に示しているようにせっかく席を隣にしているのですから，「少しこの話題について隣の人と話してごらん？」などというように，まずは話す機会を作ります。それこそ10秒や1分でも十分です。

ここでの目的は，話すことに慣れることなのですごくいい意見が出る必要はなく，ただただ慣れさせます。それがグループ学習の素地となります。

2　問題の教え合いからスタートしよう

一番手軽に始められるグループ学習は，算数の問題を解くことでしょう。

できた子，できていない子がわかりやすく，やることが明確だからです。

ただし，そこでできた子がまだできていない子を馬鹿にしないような声かけをあらかじめしておくことが，とても大切です。人の役に立つことがうれしいことだと感じられるような声かけがあるとさらによいでしょう。

3　ワークショップ型の授業

社会科などで行うワークショップ型の授業もグループ学習が適していると

言えるでしょう。

　例えば「○○市の観光パンフレットを作ろう」（中学年），「環境に優しい車を考えよう」（5年生），「戦国時代の出来事ベスト3」（6年生）などです。

　このようなテーマを設定し，グループで考えを出しまとめた後で，全体で交流することで，グループ学習の意義も確認できます。

4　教師の関わり方

　教師の関わり方にもコツがあります。

　それは「姿を消す時間を作る」ということです。

　「常に教えてもらおうとする癖」がついている子は，教師をいつも探そうとします。その結果，グループで友だちに相談することが少なくなり，グループ学習があまり活発にならないということになりかねません。

　もちろん教師がヒントを出したり，教えたりすることはグループ学習でも必要な場面はありますが，まずは子どもたちでという姿勢を見せましょう。

5　評価でグループ学習の質が変わる

　グループ学習を活性化させるためには，「評価」が重要な意味を持ちます。

　最初に「○○できるようになるといいよ」という「評価基準」を先に出すことで，子どもたちはその基準を目標にしながら，活動を行います。

　そして，最後に「よかったね」と子どもたちを評価していくのです。

　それほど難しい基準を示す必要はなく，シンプルで教師の求める授業イメージに近づくことができる基準を考えて，子どもたちに示しましょう。

●日常的にグループで「話す」機会を作る。
●問題の教え合いやワークショップ型の授業でグループ学習を行う。
●グループ学習を盛り上げるためには，評価が大切。

（南　惠介）

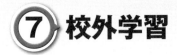

⑦ 校外学習

> 学校の外に出て学習すると体験的な学習ができ，それまで見えていなかったことが見えたり，より理解が深まったりします。コストをかけて学校の外に出て学ぶからこそ，意味のある時間を過ごせるようにしましょう。

1 意外と知らない!?　校外学習と遠足の違い

　校外学習とは文字通り，学校外で学習することです。一番イメージしやすいのは，社会科見学ではないでしょうか。公共施設や工場に行き，実際に自分の目で見て学習します。その他にも生活科や総合的な学習の時間に，学校の近くで生き物の観察をしたり，地域に出て学習したりすることもあります。

　では，遠足とは何でしょうか。『平成29年版　小学校学習指導要領』の特別活動の章で「遠足・集団宿泊的行事」の内容は以下のように記されています。

> 　自然の中での集団宿泊活動などの平素と異なる生活環境にあって，見聞を広め，自然や文化などに親しむとともに，よりよい人間関係を築くなどの集団生活の在り方や公衆道徳などについての体験を積むことができるようにすること。

　自分の学校，学年がどのような位置づけで校外学習や遠足を行っているか，まず確認するとよいでしょう。

2 校外学習に行くときのポイント

(1) 子どもたちが課題を把握しているか

まず，子どもたちが明確に課題を把握することが大切です。事前に十分学習しておくと，見る視点が育ち観察が充実します。逆に「まずは自分で見て確かめる」ことに重点を置くと，主体的に学習するようになります。

(2) 安全は確保されているか

行き帰りの交通経路や昼食場所は，安全が確保されているか必ず事前に確認します。子どもたちにも，どの場でどういう行動が望ましいか，事前，事後に指導するとよいでしょう。忘れずにトイレの場所も確認しておきましょう。

(3) マナーの指導

校外に出るということは，学校外の人々と触れ合う機会にもなります。どの場面で，どういう態度が望ましいか，事前に指導します。実際に現地での様子もよく観察し，適宜，フィードバックするとよいでしょう。

(4) 持ち物の指導

校外に出るので，持ち物は必要最小限にします。雨天の場合も考え，レイングッズは何が適切か検討しておくとよいでしょう。時折，箸を忘れる子どももいます。割り箸を持っていくとすぐに対応できます。

●自分の学校，学年が校外学習をどのように位置づけているか確認する。

●子どもたち一人ひとりがきちんと課題を把握できるようにする。

●事前に安全，マナー，持ち物などをよく確認し，指導しておく。

（松下　崇）

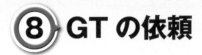

⑧ GT の依頼

「社会に開かれた教育課程」の実現に向けて，地域の人的資源を積極的に生かすことは重要です。地域にいるすばらしい方々を学校に招待し，そのよさを最大限引き出すために，事前の準備をしっかり行いましょう。

1　ゲストティーチャーをなぜ招待するの？

『平成29年版 小学校学習指導要領』の改訂のポイントとして「社会に開かれた教育課程」が挙げられています。「将来を担う子どもたちのために，学校教育が社会と連携・協働しながら育てていく」ことがその趣旨と言え，以下のことが示されています。

> 教育課程の実施に当たって，地域の人的・物的資源を活用したり，放課後や土曜日等を活用した社会教育との連携を図ったりし，学校教育を学校内に閉じずに，その目指すところを社会と共有・連携しながら実現させること。[1)]　　　　　　　　※下線は筆者によるもの

学校現場で言えば，生活科や総合的な学習の時間，特別活動・学級活動「(3)一人一人のキャリア形成と自己実現」などで，特に連携が必要になってくるでしょう。ここでは，どのようにゲストティーチャーと連携し，教育効果を高めていけばいいか紹介します。

2　ゲストティーチャーを呼ぶにあたって

(1)　ゲストティーチャーは教員ではない

　ゲストティーチャーの中には，教員免許をお持ちの方がいたりするかもしれませんが，基本的に教育として子どもたちに機能させるのは教師の仕事です。従って以下の内容について，教師は，明確なビジョンを持たねばなりません。打ち合わせのときまでにはっきりさせて望みましょう。

□授業のねらい

□ゲストティーチャーを招待し，何を学ぶか？

□ゲストティーチャーから学ぶために，どのような方法があるか？

(2)　打ち合わせで確認すること

　ゲストティーチャーと打ち合わせする際，上記のことと合わせて以下のことも確認します。

□謝礼（交通費）について

□当日の交通経路や学校にきたとき，どこにきて，どこで待つか

□その他，子ども，教師，学校に対して要望はあるか？

　謝礼や交通費，控室などは，学校としての対応になります。事前に関係各所に確認しておくとよいでしょう。打ち合わせの際，飲み物などを出すことも忘れずに行えるといいでしょう。

- 「社会に開かれた教育課程」として地域の人的資源は積極的に活用することが示されている。
- ゲストティーチャーを教育として機能させるのは教師の仕事。

（松下　崇）

参考資料

1）文部科学省「社会に開かれた教育課程（これからの教育課程の理念）」：http://www.mext.go.jp/component/a_menu/education/micro_detail/__icsFiles/afieldfile/2019/09/30/1421692_4.pdf

⑨ 学習指導案の書き方

　学習指導案は授業者が，授業の流れや単元名，考察（教材観，児童観，指導観），単元の目標，単元構想，指導計画，本時の目標，本時の準備物，本時の授業展開などを記載したものです。決まった形はなく学校により形式は異なりますが，基本的な流れは同じです。その1時間だけではなく単元全体を見通した指導の流れを書くようにしましょう。

1 教材の把握と子ども理解がスタート

(1) まずは素材研究と教材研究

　学習指導案を書くために素材研究と教材研究は欠かせません。素材とは「教材にする前の材料」です。そのものの本質を理解するために行います。教材は「授業で使うための材料」です。学習指導要領に照らし合わせて「如何にして活用するのか」を考えます。この2つの研究を通して教材を理解し授業目標を達成できるように構成し，単元に配置します。

(2) 子どもの様子の把握

　指導する単元について「子どもにどのような力があるのか」を事前テストやノートを見て把握します。事前テストは授業の終わりなどの時間に，黒板に「この問題できるかな？」といったもので構いません。

2 学習指導案に書くこと

1 **単元名** 学習する単元名を書きます。

2 **考察**

○（教材観）

　どのような教材で，子どもにどんな力をつけることができるのか明記します。単元全体での位置づけも書くとわかりやすくなります。

○（児童観）

　子どもが今までどんな学習をし，どんな力が育っているか書きます。

○（指導観）

　こういう子どもたち，教材だから，単元を通しこう指導します，などを書きます。指導の手立ても明記するとわかりやすくなります。

3 **単元構造**

　単元構造を図解で入れると本時の学習の位置がわかりやすいです。

4 **単元目標**

　単元の目標と単元の評価基準の整合性が明確になるようにしましょう。

5 **指導計画** ○次○時というように，単元の指導計画を書きます。

6 **本時の学習**

(1)**目標** 単元目標と整合性がとれるように書きましょう。

(2)**準備物** 授業で使う指導用具を書きます。

(3)**展開** 子どもがどのような活動に取り組むかを具体的に書きます。また予想される子どもの反応など，教師の想定を具体的に明示しましょう。

●学習指導案は素材研究，教材研究，子どものみとりが，何より大切。

（岡田　広示）

① 国語①

> 　国語は，全ての学習の基礎です。子どもたちは日本語で教科書や問題を読み，日本語を使って議論します。国語の力が他教科の力に直結するといってもいいでしょう。しかし教師にとって読むこと，話すこと，書くことといった力を育てる国語の授業ほど難しいものはありません。しかし国語の授業力が上がれば他の教科の授業力も上がります。じっくりと取り組みましょう。

1 国語の教材研究5ステップ

(1) 単元の目標を確認しよう

　小学校の国語の内容は〔知識及び技能〕〔思考力，判断力，表現力等〕の2つで構成されています。

〔知識及び技能〕

　(1)言葉の特徴や使い方に関する事項／(2)情報の扱い方に関する事項／(3)我が国の言語文化に関する事項

〔思考力，判断力，表現力〕

　A　話すこと・聞くこと／B　書くこと／C　読むこと

　まずは，指導書などで単元の目標を確認して，それを評価観点ごとに分けて分析しましょう。そうすると，その単元で身につける力が見えてきます。

(2) 教科書を音読しよう

　教科書の本文を音読します。子どもが最初に教材と出会うのは「教師の範

読」です。すらすらと読めるように，そして教材をしっかりと理解し課題が見えるように，10回は音読をしましょう。何度も音読し読み込んでいく中で「ここを考えさせたい」という箇所が見つかります。

(3) 指導書を見よう

　教科書を読み込んでから指導書を見てみましょう。自分で教科書を読み込まずに指導書を読むと，指導書の流れに引っ張られてしまい教材研究の力や教材を見る力が身につきにくくなります。自分がイメージした単元構想との違いを比べて，よりよい授業になるように見ていきます。

(4) テスト問題をチェックしよう

　多くの学校では市販されているテストを活用していることと思います。単元に入る前に該当単元のテストに目を通しましょう。そこで「テストで尋ねられている個所はどこか？」「どのような問いがあるのか？」を見ておくと発問作りの参考になります。

(5) 発問を作ろう

　単元の時間数に合わせて授業時間ごとに「授業目標を達成できる発問」と補助発問を考えていきます。発問も「はい」「いいえ」で答えられる単純なものから，本文の行間を読み取りじっくり考えさせるものまであります。子どもが教材と向き合い始めた頃と，内容をしっかり理解し自分の考えを話せるようになった頃など，子どもの理解に合わせて作ることも大切です。

●まずは教材文の音読！　たくさん見えてくるものがある！

（岡田　広示）

②　国語②

　国語は授業時数も一番多く，全ての教科の基本に位置づけられています。国語の力は他の教科の力に結びついているだけではなく日常生活に直結している教科です。そのため国語の授業をうまく展開できるようになると，他の教科にも波及していきます。板書計画や授業目標を的確に立て，子どもに「話す力」や「書く力」を育てていきましょう。

1　まずは板書計画！

　授業の前に必ず板書計画を立てましょう。板書は本時の主発問を中心に，授業の導入部からまとめまでの学習の道筋や子どもの思考がわかるように作っていきます。板書のイメージは「この課題，発問について，こんな感じで考えていくかな？」といった「子どもの思考の流れ」を板書で「見える化」することです。導入や中心発問，まとめの箇所を柱にして作っていくと見やすい板書になります。板書もパターン化しておくと，子どもも安心して授業に取り組めるだけではなく「次はこうやって考える時間になるな」と授業を考えていくようになります。

　子どもから見た視覚のポイントとしては「大切なことは黄色のチョークで書く」ことです。教室には多くの子どもがいます。中には色覚特性の子どもがいるかもしれません。赤色のチョークだと見えにくい場合があるので，特に強調したいポイントは黄色で書くようにしましょう。

2　1時間の授業をパターン化してみよう！

⑴　授業の導入は？　音読か漢字指導で！

　教材文の音読から入る方法です。特に４年生くらいまでは音読の方が内容を理解しやすい子どもが多くいます。また一斉音読なら，苦手な子どもも友だちの声から内容を理解することができます。

　小学校で習う漢字は，どの学年も１日２文字ずつやっていくと12月までには終えることができます。国語の時間に進めると子どもも授業に入る構えができます。

⑵　本時の課題を把握し一人で考える

　本時の学習課題の把握です。教師から出したり，子どもの疑問から出したりします。教材や授業の流れで決めていきます。

　そして課題について子ども一人ひとりに考えさせます。このときにノートに自分の意見を書かせましょう。書く行為で思考がまとまりやすくなるだけでなく，発表するときにノートを読めばいいので発表が苦手な子どもも安心してできます。

⑶　グループ活動で深めて，全体で考えてまとめる

　学習課題について，グループで発表し合い考えを深めます。そして，それをクラス全体で協議してまとめていきます。このときに大事なのは「はじめと意見の変わった子ども」です。なぜ変わったのかを考えることで主題に迫ることがあります。

●授業パターンを決めておくと，子どもも安心して学習できる。

（岡田　広示）

③ 社会①

　中学年の社会科は基本的に身近な生活にあるものを，学びの題材として学習を進めていきます。

　しかし，ただ体験するだけにならないように，何を大切にし，どのように準備して学習を進めていけばいいかを考えておかなければいけません。

1　中学年社会の学習の流れ

　中学年の社会科は，基本的に子どもたちの身の回りに存在する地域教材をもとに学習していきます。

　そう考えると，教科書に書かれていることを学習するのではなく，教科書に書かれていることを参考にして学習を進めていく，と考えるとよいでしょう。

　学習の流れの一例を右に示します。

　課題を整理するときには，まず大きなテーマを提示し，それにそった形で小さなテーマをいくつか

学習の例

【準備】
①教科書や指導書で，何を学ぶかを確認する。
②学習する施設について調べる。
　※見学に行くなら，連絡をして実際に下見に行く。
　※見学について日時や方法など打ち合わせをしておく。
③予想される学習課題を教科書を参考にして考えておく。

【授業】
①写真や絵などをもとにして，知っていることを出し合った上で，もっと知りたいことを出し合わせる。
②課題を整理し，それを調べる方法を考える。
③考えた方法で，まずはできそうなことから調べてみる。
　※ここでさらに課題や疑問が出れば調べることに加える。
④調べたことを学級で整理する。
⑤壁新聞などにまとめる。

作ると学習がスムーズに進みます。

　よくあるのが「○○の秘密をさがそう」という大きなテーマを，「もの」や「人」，「時間」，「場所」などといった，小さなテーマでそれぞれの工夫を調べさせるような学習です。

　その際，「○○があるに違いない」などのように「仮説」を立てさせるようにすると学習がスムーズに進みやすいと思います。

2　本当に身につけさせたいのは？

　「社会科」と言えば，ついつい「暗記」と考えますが，都道府県や県庁所在地を覚えること以外は，それほど暗記にこだわる必要がありません。

　もっとも大切なのは「課題解決力」を育むことです。

　「課題解決力」と一言で言っても，右に示したようにその中身は本当にいろいろあります。

　そして，それを一度に身につけ

課題解決力の例
○写真や絵などから課題を作る力（「はてな」を見つける力）
○課題を項目を考え，その項目ごとに分ける力
○課題を解決するための方法を考える力
○本などで調べる力
○実際に調べに行き，課題について適切に聞き取り（インタビュー）して，求めている答えを手に入れる力
○調べたことを，項目ごとにまとめる力
○集団で情報を出し合い，整理する力
○調べたことを，わかりやすくまとめ，表現する力
○調べたことによって，新しい問いを見つけたり，考えたりする力

る必要はなく，年間を通し，いや３年生～６年生までの学習を通し，少しずつ身につけ，高めていくのです。

　中学年の社会科の醍醐味は，その学習を実際に行って，見て，聞いて，触って，体験して学ぶことができることです。時間の許す限りそのような学習に取り組むことで，社会科の学習者としての基礎が培われていきます。

●教科書は例示であり，まず子どもたちの体験を考える。
●体験の中で大切にするべき，課題解決力を具体的に考えておく。

（南　惠介）

④ 社会②

> 　高学年の社会科といっても，５年生の「産業の学習」，６年生前半の「歴史学習」，後半の「公民分野の学習」と大きく３つのパーツに分かれます。
>
> 　簡単にその特徴と，大切にしたいことを述べていきます。

1　５年生社会

　５年生の社会科は「農業」「漁業」「工業」「情報」などの「産業」について学びます。

　ただし，進め方は基本的には中学年の社会科と同じように考えます。

　しかし，中学年と大きく違うのは，その多くが身近ではないということです（農業については，地域によっては身近な教材となるので，調べるスパンが長くなりますが，基本的には中学年の教材と同じように考えて学習することができるでしょう）。

　漁業，工業については，地域差が農業に比べて大きくなります。

　そうなると，課題を立てた後，実際に行って，見て，聞いて，触って，体験して，という中学年で行うことができていた学習はあまりできません。

　基本的には教科書や資料集，インターネット（場合によっては，家庭での聞き取り）などを中心に調べ学習を行っていくようになります。

　中学年が，生活に根ざしている足を運ぶことができる範囲の中（無理な場合もありますが）で学習が進むのに対して，５年生からは日本全体を視野に

入れた学習になることが大きな違いです。

　また，さらに考える基盤となる知識も中学年に比べて大切になってくるため，「覚える」ということも少しずつ大切にしていく必要があります。

2　6年生の歴史学習

　6年生の歴史学習は人物重視で進めていきます。

　その時代にどんな人物がいて，どのように歴史が流れていくかということを学習していきます。

　これまでの学習のように「課題」を作り，学習を進めていきたいのですが，いかんせん時間数に対して内容が多くなかなか思うように進められません。課題を作りつつも，よく読ませ，内容を整理しながら，できるだけ楽しく学習を進めていくようにするのがオーソドックスな進め方になるでしょう。

　ただ，「理解し，覚える」ことだけにならないようにその中で討論を入れたり，新聞などにまとめたりというような工夫が必要となるでしょう。

3　6年生の公民分野の学習

　3年生から始まる社会科の学習の最後「公民分野」は，また身近な学習に戻ってきます。ただ，意識しないと見えないような「身近」さです。

　教科書を中心に学習していくのもよいですが，新聞やテレビやインターネットのニュースなどで，子どもたちの興味を引くような内容を提示することで，より学習に興味を持って取り組むことができるでしょう。

　ただ，覚えないといけないことも多いので，そのあたりは中学年の社会科とは大きく違います。しかし，単なる暗記学習に留まらないよう，活動や体験なども行えるような工夫が必要になってきます。

●まずは教科書を読むこと。
●知識が思考を深める。

（南　惠介）

⑤ 算数①

　算数ほど「できた，できない」「わかった，わからない」がはっきり
する教科はありません。そして，「算数が好き」だと考える子の多くが問
題を解くことができた快感を多く得た子だと言えるでしょう。そのよう
な「知識・理解」「処理」は算数の学習の中で大切にするべきものです。
　そう考えると，まず子どもたちが「できた」「わかった」と言えるよ
うな授業を考えることが大切だと考えます。

1 課題（めあて）とまとめをはっきりさせる

　この1時間が何のために行われるのかをはっきりさせることは，特に知
識・理解そして処理を中心とした学習では大切にするべきです。
　そのために大切なのが，授業の最初に提示する「課題（めあて）」です。
　「分数の割り算ができるようにする」とか「三角形の面積の公式を使って，
面積を求める」など，極めて具体的な課題提示がよいでしょう。
　流れとして一例を挙げると，①課題（めあて）の提示，②解くためのツー
ルの理解あるいは提示，③それを使って全体で解き方の確認，④まとめ，⑤
個々での練習問題，⑥練習問題の確認という感じになるでしょうか。
　この流れの中で大切にするのは，まずは②の「解くためのツールの理解あ
るいは提示」です。この説明が子どもたちにすとんと落ちるように教材研究
を十分にしておくようにします。
　説明と書きましたが，もちろん一方的なものではなく，子どもたちの活動

ややりとりを入れてもよいのです。ただし，最終的には「どの子にもわかるようにわかりやすく」整理し，まとめて示す必要があります。

そのためのツールが黒板です。

2 板書がポイント

要は「解き方」を示せばよく，**簡潔で，ぱっと見てわかるように**します。

次項に示す「考える力を育む」ことを一番の目的にする算数の授業ではないので，思考の跡を記すというよりも問題を解くためのツールや足がかりとして必要な情報だけを示すようにします。マニュアルのようなもの，と言えばイメージしやすいでしょうか。

3 練習問題を解く時間を確保する

「できるようにする」ことを中心に考えた算数の授業では，「わかるようになった」ことをその時間内で「できるようになった」と子どもが喜びを感じられる練習する時間を確保する必要があります。

そう考えると，①②③は非常にコンパクトに収め，④のまとめ（要は解き方・ツール）までは極端な話，授業の前半部分で示してしまってもよいと考えます。そして，実際に問題を解く時間を確保することで，「できた」と感じる子どもたちの学びを支えていきます。

- ●何ができればよいのかをはっきりさせる。
- ●わかりやすい板書がポイント。
- ●練習問題を解く時間を確保する。

（南　惠介）

⑥ 算数②

> 「算数は，ただ計算問題を解くことができればいい」という考え方だと，せっかく学習しても役立ちづらい時代になってきました。
>
> もちろん，計算がよくできることや，知識があり理解もしっかりしているということは大切です。しかし，それと同じくらい考え方の道筋（プロセス）を通して，見方・考え方の素地を養い，課題解決に向かう力をつけていきたいものです。

1 何を大切にするのか

　ここで示す「考える力を育む」算数の授業デザインは，全国で行われている「課題解決授業」を大まかにイメージしていただければよいでしょう。

　大まかに下の流れのように学習を進めていきます。

　　①課題提示　②個で考える　③集団で意見を出し合う　④まとめる

　都道府県や地域，学校によって「型」を示されていることがあり，若手の先生方は，その流れに沿ってまずは授業を作っていくことが大切です。

　その上で，確認したいのが「何を大切にするのか」という視点です。

　ただ，「わかればいい」「できればいい」のでは，「課題解決学習」を行う必要がないと考えます。もちろん，最終的には「わかった」「できた」と感じさせたいのですが，教師の目的がそれ「だけ」だと「主体的・対話的で深い学び」を思考する今日的な学びとしては不十分だと考えます。

　教師が大切にするのは2つの軸です。

一つ目はもちろん「わかった」「できた」と子どもが感じること。

もう一つは，問題を解くために必要な課題解決力を，課題を解くプロセスの中で育んでいくことです。

課題解決力とは少し抽象的な書き方になりますが，「『何をどう考えれば問題が解けそうか』ということに着目する力（課題の肝を見抜き，仮説を立てる力）」「どうやったら問題が解けるかいろいろな方法で試す力」「それが有効かどうか吟味する力」「集団で解決しようとしたり，集団の益になるように働きかける力」「他のものと関連づけて，転移させようとする力」（※ ここでいう「力」には，「意欲・関心・態度」も含まれる）などが考えられます。そして，これをすべて取り上げる必要はないけれど一つひとつ授業の中で確認し，評価したり，価値づけしたりしていきます。

2 教師の力量により，課題解決学習はより豊かになる

算数という教科は，課題や考える道筋のあり方がほかの教科に比べて極めて明確な分だけ「1時間」「1単元」という決まった時間の中で，何を育んでいくかということを教師自身が考えやすい教科です。

だからこそ，他教科と同様に，「教材に対する理解」「導入の興味の引きつけ方」「子どもの意見の扱い方・集約の仕方」「子どもの見取り（授業にどう関わっているか・わかっているか・思考のプロセスの中の価値）」などの教師の力量を磨いていく必要があるのです。そして，その力量が向上することによって授業や授業の中で子どもの様子が変わっていくということを，経験を通して体感していただきたいと思います。

●プロセスの中の「課題解決能力」を評価する。
●ゴールを明確にし，その途中をどれくらい豊かにできるかは，教師の力量によることを理解しつつ，研鑽を積むことは重要。

（南　惠介）

⑦ 理科①

　理科は事前準備が，とても大事です。実験や観察に必要な器具が揃っているか，予備実験をして，学習内容に望ましい結果が出るのか，などです。もちろん乾電池やカセットボンベを扱うなら，その残量やストックの確認をしておきましょう。授業当日になって慌てないように，前日までに用意をしておくことが必要です。

1　理科は事前準備が大切

⑴　理科室は危険がいっぱい

　理科室はガラス器具やガスコンロ，スタンドなどガラス製品や火気，重い鉄製品を扱う，学校の中でも安全管理が求められる教室です。事故なく理科室を使うために器具の扱い方，片づけ方だけではなく，教室内の過ごし方を教えましょう。

⑵　器具や観察物の確認をしよう

①用具はそろっていますか？

　理科は実験や観察が多くあります。理科準備室には必要な道具が揃っています。授業に入る前には「どこに何があるのか」「必要な道具や薬品は十分にあるか」を確かめておきましょう。足りない場合は購入しておく必要があります。また酸素ボンベや二酸化炭素ボンベ，検知管などの消耗するものは，次年度の学年のために使用後に購入しておくようにしましょう。

②観察するポイントをチェック

　昆虫や植物のつくりなどを観察するときにも，事前に用意しておき，子どもに見せたい部分を確実に見せることができることを確かめておきましょう。もし観察させるものが，どこにあるかわからない場合は前年度に同じ学年を担当していた先生に聞くとわかる場合があります。どんどん聞きましょう。

(3)　予備実験を必ず！

　どのような実験も事前準備をおろそかにすると失敗する可能性があります。必ず事前に予備実験をして手順の確認をしましょう。市販の組み立てキットも事前に組み立てることが大事です。そして，教師の目線と子どもの目線での時間配分を「どの活動に，どれくらいの時間がかかるのか」のように確かめておきます。実験に必要な時間とまとめの時間，片づけの時間を考えて授業を構成します。

(4)　実験用具はグループ単位で準備しよう

　実験に必要な器具は事前にトレイなどにセットしてグループ分を用意します。もちろん子どもに準備をさせることの教育効果もありますが，授業時間を考えると片づけを丁寧にすることに時間をかけましょう。もちろん薬品を使う場合は，用意しておいても確実に薬品庫で管理しておくようにします。使用する実験道具は，実験中に壊れたり，作動しなかったりしたときの為に１つか２つ予備を用意しておきましょう。

●理科室は危険がいっぱい。正しい使い方を徹底しよう。

●理科は授業前の準備が７割。

●しっかりと予備実験，予備観察をして授業に臨もう。

（岡田　広示）

❽ 理科②

> 　理科は学習内容の前後の系統がはっきりしています。単元に入る前に「前年度までに何を学習していたか，学習内容が次のどのような学習につながるのか」を確かめておきます。また単元は，学習課題を把握し，どのようになるのか（予想），どう証明するのか（観察・実験），どのような結果になったのか，なぜそうなるのか（考察）で流れていきます。

1　単元を吟味しよう！

⑴　他学年とのつながりを確かめよう

　小学校の理科は3年生での豆電球の学習が6年生で電気の学習につながっていくなど，とても系統がはっきりしています。そのため学習内容の前学年からのつながりと，次学年でどう発展するのかを確かめておきましょう。

⑵　学習課題を共有しよう

　観察・実験など理科ではグループでの活動が多くなります。学習内容を確認すると，子どもが疑問に思うことや課題が見えてきます。この疑問や課題は単元目標と重なります。これを子どもたちと共有することで「何をすればいいのか」がわかり，協働的な学習になっていきます。

2　理科の単元の流れ

　理科の単元の流れは，次の5つのステップで行われます。

⑴　問題の把握しよう

　例えば「豆電球が必ずつく方法を探ろう」など単元を通しての課題を把握させます。これを「豆電球の秘密を探ろう」にすると，「何が秘密なのか？何を学習するのか？」がわかりません。理解しやすい具体的な言葉にしましょう。

⑵　予想・仮説を立てよう

　問題を把握したら「○○だから○○になる」と予想や仮説を立てさせます。「よそうはうそよ」と思いつきでもいいのでどんどん出させましょう。

⑶　観察・実験の計画を立てよう

　予想や仮説を証明する一番いい方法を考えさせます。教科書に載っているので，まずは自分たちで一番いいと思う方法を考えさせます。もちろん記録も忘れずに取りましょう。

⑷　観察・実験

　計画した方法で観察・観察実験をします。教師はよりよい方法になるようにリードしながらも，安全管理を意識させましょう。観察・実験後は片づけを丁寧にさせましょう。

⑸　結果と考察の整理

　予想や仮説と「同じか？　異なるか？」「何が法則なのか？」など，結果を考察します。結果は，あっさりと流さずに考える時間を取りましょう。「こんな予想を立てたけれど，結果はこうなった。その要因はこういうことだと思う」といったようにノートに書くことで自己対話も生まれてきます。

●問題把握，予想・仮説，計画，観察・実験，結果の整理のステップで組み立てる。

（岡田　広示）

⑨　音楽①

　音楽の授業を成立させるコツは，10分〜15分程度の短い活動をいくつか組み合わせて計画することです。活動が切り替わることで集中しやすい，流れを明示し，毎回あまり変えないことで子どもは見通しが持てるメリットがあります。また，音楽の時間の約束事を決めておくことも必要です。

1　静と動の活動を組み合わせ，流れを明示する

　音楽の指導内容は，大別すると表現と鑑賞に分かれ，表現の内容は歌唱・器楽，音楽づくりの分野があります。今日は歌唱のみ，今日は音楽づくりのみという授業より，いくつかを組み合わせた授業の流れをおよそ決めておくとよいと思います。例えば次のように決め，授業の最初に提示します。

---

①ウォーミングアップ
②歌
③リコーダー
④ダンス

　組み合わせの順序は，子どもの実態や発達段階に応じて工夫できますが，本時のねらいに合わせ中心となる活動を決め，それを3つか4つ，10分から15分程度ずつ行います。静と動を意識して組み合わせるとよいでしょう。
　活動が移り，動きや変化が出ると集中力が弱い子には気分転換になります。

また，流れの明示と，変化をつけて繰り返すことは安定にも繋がります。

2 約束事を決め，共通理解を図る

　教室での学習とは違う期待や興奮を感じる子もいるかもしれません。楽しい雰囲気の中でも学習が成立するために，音楽の約束事を確認します。

(1) 持ち物を決めておく

　毎回，「先生，筆箱は要りますか」「リコーダーは持っていきますか」などの質問を受けることはありませんか。音楽の時間に音楽室に毎回持っていくものを決めておくとよいです。また，係を通じて知らせてもよいでしょう。

(2) 音楽室への移動の仕方

　発達段階や学級の実態に応じて，整列してからみんなで行く，準備ができた人からそれぞれに行くなどいくつかの方法があります。1年生や学年の最初だけでも，一緒に音楽室に行き「移動の際は口を閉じて廊下を歩く」などルールを確認しましょう。

(3) 音楽室での約束

　「音楽準備室には勝手に入らない」「音楽室にきたら○○をして待っている」など学校の決まりや授業が始まるまでにしてよいことも確認しましょう。

(4) 活動をやめて教師を見る合図を

　「先生が手を挙げたらしていることをやめ，口を閉じて先生の方を見る」と約束を決めます。「この音楽が聞こえたら授業の終わりの合図です」と決め，簡単なピアノ曲を演奏するのもおすすめです。

●いくつかの活動を組み合わせて授業を行う。
●音楽の時間に関するルールを子どもと共通理解しておく。

（近藤　佳織）

⑩ 音楽②

> 45分間にいくつかの活動を組み合わせて変化を持たせて授業を構成します。また，授業の流れは板書するかカードで示すとよいでしょう。ここでは，組み合わせる活動をいくつか紹介します。

1 ウォーミングアップ

音楽の時間が始まるという合図，音楽の時間だぞという気持ちにするための活動，声出しなど体育の時間でいう，準備運動の活動です。

(1) じゃんけん列車

曲に合わせてスキップし，自由に動く。曲が止まったらじゃんけんをして勝ったら前につく。負けたら後ろにつく。最後の一人になったら終わり。

(2) おなかの体操

ドから始まって「おなかの体操始めましょう，あはは，おほほほ……」と歌い，上がって下がる。2周目はレから始める，3周目はミから始める，この繰り返しで声出しをします。

(3) しあわせなら手をたたこう

「しあわせなら手をたたこう，足ならそう，肩たたこう」で歌った後，何をたたく，どこをどうするか子どものアイデアで歌い，身体表現をします。

2 歌唱の活動

教科書に載っている曲を中心に歌います。他にも合唱曲，子どもの興味が

ある曲，流行歌を取り入れてもよいでしょう。教科書に載っている曲を全て扱わなくてもよいと思います。ただし，共通教材は，必ず扱いましょう。

3　器楽の活動

　1・2年生は鍵盤ハーモニカ，3年生以上はリコーダーのように中心になる楽器を個人で持っている子どもが多いでしょう。短くてよいので既習曲を含め，主旋律を演奏する時間を積み重ねます。「今日はこの2小節をクリアしましょう」と範囲を限定すると意欲が持続しやすいです。曲によっては，鉄琴，木琴，大太鼓，小太鼓などを組み合わせ，合奏も行います。

4　鑑賞の活動

　1回目は，ただ聴く，2回目は，「演奏が変わるところがあります。探しながら聞きましょう」「演奏が変わったところがわかったら手を挙げましょう」などと聞く観点を示し，変化をつけて繰り返し聴かせることもできます。
　他には，曲の最初だけかけてすぐに止め，曲名を当てる「イントロクイズ」を班ごとに行うなどもできます。

5　表現の活動

　自分の名前や食べ物などを使ったリズム打ち，音符カードを示してその真似をするリズム打ちを行い，高学年での音楽づくりの素地につなげます。また，打楽器や自分の体を使うボディパーカッションも部分的に練習し，最後に全員で合わせると一体感が生まれます。季節によっては運動会で行うダンスや流行のダンスを取り入れ，一緒に踊る活動も行えるでしょう。

●その時間のねらいを踏まえ，組み合わせる活動や時間を決める。

（近藤　佳織）

⑪　図工①

> 　図工は，「子どもの感性のままに，自由に描いたり，創ったりすれば いい」と言われることもあります。しかし，感性のままに，自由に描い たり，創ったりするための指導があるのではないでしょうか。子どもが 思いを表現するために大切なのは，対話だと思います。

1　感性を働かせて

　ある子どもが，一生懸命に運動会の絵を描いていました。全校のみんなの 一生懸命さを伝えたくて，笑顔で玉入れをしている絵でした。ある友だちが， その絵について，「男の子か女の子かわからないからあまりよくない」と言 いました。

　今まで一生懸命に絵を描いていた子どもは，悲しそうな顔をして描くのを 止めてしまいました。このような場面は，伝える言葉が違うとしても，担任 と子どもの間でも起こり得るのではないでしょうか。

　私は，感性を働かせる必要があると思います。目に見えるものだけでなく， その絵から伝わってくるものを感じ取り，それを描いた子どもが，どんな思 いで描いたのかまで，思いやれたらいいと思います。芸術には，一つの正解 があるわけではありません。その絵から，どんなことが伝わってくるのか， どんなことを感じ取れるのか，担任も子どもたちも感性を働かせて，楽しく 取り組むことができればいいです。

2 感性を働かせるためには

(1) 何を指導するか

絵を描くとき，どのような指導をしますか。生活画を例に考えます。

---

①思いを持ち，膨らませるために

　どんな場面，どんな思いを表現したいかを子どもたちから聞き出す。

②思いを表現するために

　思いを表現するために，構図の効果，表情や体の動き，気持ちを表す色を確認してから，描き始める。

③お互いのよさに気づくために

　お互いの作品に込められた思いを伝え合い，それをもとに絵を鑑賞して，どう感じたかを伝え合う。

---

(2) 子どもと対話しながら

　文化祭に向けて，時間に追われながら絵を描かなければいけない状況が，よくないということは言わずもがなですし，そう思ってはいるのですが，焦ってしまいます。

　計画的に指導をしていくことが何よりも大切なのではないかと思います。その中で子どもたちと対話しながら進めていけたらいいです。たくさん対話する中で，担任も子どもたちも感性が磨かれていくのかもしれません。

　そして，思いを共有した担任，子どもたちだからこそ，目に見えないことも感じ取ることができると思います。上手とか下手とかではなくて，子ども一人ひとりの思いが伝われば，素敵だと思います。

●目に見えるものだけではなく，伝わってくる思いを大切にする。
●計画的に対話しながら，担任も子どもたちも感性を磨いていく。

（髙橋　健一）

⑫ 図工②

　教科書では，３年生で絵の具セットの使い方が出てきます。それまで
は，個人持ちではなく，共用の道具を使ってもいいのです。しかし，１
年生から個人の絵の具セットを持たせている学校も多いようです。前倒
しで持たせるのですから，正しく丁寧に指導する必要があります。

1　絵の具セットを使って

　１年生から絵の具セットを使うとしても，３年生から絵の具セットを使う
としても，正しく丁寧に指導することは必要です。そして，その指導の理由
まで理解していることが大切だと思います。

　いざ絵に色を塗ろうと考えたとき，机の上に下記のように道具を配置する
ことになります。もしも，机が小さい場合は，バケツを机の下に置くことも

あります。右利きと左利
きでは，道具の配置の左
右が変わります。

　担任している子どもた
ちと対話しながら，実態
に応じてカスタマイズし
ていくことも必要です。

2 道具の準備と意味

(1) 準備場面で

道具の準備をするときには，その意味まで伝えましょう。

---

①筆洗バケツに入れる水の量

※バケツの部屋に入れる水の量は，半分が目安。バケツを運ぶときに，水をこぼさないためである。また，筆を洗う部屋の汚れた水と，筆に水を含ませる部屋のきれいな水が混じり合わないためである。

②パレットに出す絵の具の量

※パレットの小さな部屋に，左（白色）から順番に少量（小指の爪ぐらい）を出していく。小さな部屋の絵の具を少しずつ取り，大きな部屋で混ぜ合わせる（出会わせる）。少しずつ丁寧に出会わせることが大切である。

③筆の洗い方と整え方

※筆洗バケツの大きな部屋で筆を洗う。小さい部屋で筆をすすぐ。違う小さい部屋で水を含ませる。バケツの縁で穂先を整える。雑巾で水の量を調節する。筆をきれいに洗うことで，余計な色が混じることを防げる。

---

(2) 片づけ場面で

パレットの小さい部屋は洗わず，大きい部屋は濡れティッシュで拭く方法もあります。小さい部屋の乾いた絵の具は，次の時間に少しずつ溶かして使うことができます。筆は洗って雑巾でしっかりと水気を取り，乾かしてから片づけます。片づけの時間を短くして，学習の時間を長くしたいものです。

●丁寧に正しく指導するとともに，意味も伝えることが大切である。
●準備と片づけの時間を短くして，学習の時間を長くできるといい。

（髙橋　健一）

⑬ 体育①

体育は子どもが主体的に取り組みやすい学習です。また個人での動きが多くなる傾向があります。そこで事前に子どもの健康や服装などの確認をしておきます。さらに学習をする場所は運動場や体育館といった広い場所で行います。多くの用具を使います。場所と用具の安全性をしっかりと確認しておきましょう。

1 授業の前に，まず確認！

体育の授業には危険な面がたくさんあります。子どもの準備と用具の準備の2つの視点から見ていきましょう。

体育の授業は「子どもの体」を育てる時間です。必ず「その授業の運動ができる体調か？」を健康観察などで確認しておきましょう。また運動にふさわしい服装や帽子の有無，髪の毛，爪の長さなども見ておきます。パーカーなどを着ていて友だちの腕が引っかかったり，爪が伸びていて人の体をひっかいたりしてしまうなど，少しのことが怪我につながります。

体育の授業前に運動をする場所の安全を確認します。また子どもたちが準備をする用具も「ねじが緩んでいないか」「さびて手を切るようなことはないか」や「何人で運べば安全にできるか」など，確かめておきましょう。

また準備で手持無沙汰な子どもには「何をして待つか」を指示しておけば未然に事故を防ぐことができます。

2 体育の授業の流れ

体育の授業は，次のステップで行われます。

(1) 準備体操と準備運動

まずは全員でしっかりと準備体操をして体をほぐしましょう。学校によってはラジオ体操をするように統一しているところもあります。体を温める意味でもしっかり伸ばして運動できる体にしましょう。準備運動では，その時間でする運動で使う部分をしっかりほぐします。寒い季節は特に時間をかけましょう。

(2) めあての確認と試技

跳び箱なら「両手をそろえた着手ができるようになる」「きれいな姿勢で跳ぶ」など，その時間に「どのような動きをするのか」の学習の見通しが持てるようにします。そのときに具体的な動きがわかるように教師か子どもが試技をして見せると効果的です。

(3) 活動と動きの確認と再活動

実際に運動をさせます。子どもの運動中に教師は，全体の動きを見ながら声かけやアドバイスをしましょう。もちろん安全面にも目を配っておきます。

途中，運動を止めて動きの確認をします。そのときには，子どもに手本となる試技をしてもらいポイントを見つけさせるとよく観察するようになります。そして改善点を基に運動させましょう。

授業の最後には，その時間のまとめをして，全員で片づけをするようにします。

●事前の安全確認を忘れずに！
●準備体操，準備運動→めあて，試技→活動，確認，再活動で！

（岡田　広示）

⑭ 体育②

> 　体育は8つの領域で構成されています。一つの領域に偏らないように教育課程を組んでいきましょう。また体育の運動は，子どもによって得手不得手が多くあります。これは子どもの発達の差もありますが，普段の外遊びも大きく影響します。学級全体を観察しながらも，子ども一人ひとりの運動量や運動能力に目を向けて，単元を組むようにしましょう。

1　単元を吟味しよう！

(1)　体つくり運動

　体つくり運動には，体ほぐし運動も含まれています。準備体操のときにストレッチ運動を入れたり，体をほぐすゲームを入れたりして取り組みましょう。体幹トレーニング的なものやボールを使った柔軟など，本時で行う主運動に直接関係ない運動でも構いません。

(2)　器械運動

　マットや鉄棒，跳び箱を使った運動です。一人に1台の用具が必要な運動です。子どもの運動量を確保するために「場」の設定が重要になります。例えばマット運動なら，体育館の全面を使って「口の字」に配置して，回ったら次のマットというようにすることで回数を担保することができます。

(3)　陸上運動

　リレーやハードル，高跳びなど走ったり，跳んだりする運動です。運動の苦手な子どもも取り組みやすい領域です。またリレーは「仲間づくり」の観

点からも有効な運動になります。

(4) **水泳運動**

　水泳は得手不得手が大きく分かれる運動です。それ以上に命に直結するので「指示の徹底」が求められます。複数の教師の観察やバディシステムで安全を徹底しましょう。

(5) **ボール運動**

　ボール運動は，子どもの得手不得手が出やすい運動です。どの種目のときも運動会の紅白玉を使って練習をするなど，細かな手立てが必要です。特にボールを投げるという運動は特殊な動きです。しっかり練習させましょう。

(6) **表現運動**

　運動会などのダンスだけでなく，リズムジャンプなどと組み合わせて準備運動に取り入れるのも有効な手段です。

(7) **集団行動**

　集団行動は，体育の授業だけではなく全校朝会や集団遠足など他学年と行う行事のときにも活用するため「全校で統一した内容」が好ましいと言えます。平成5年の「体育（保健体育）における集団行動指導の手引 改訂版」（文部省）を参考にするといいでしょう。

(8) **保健領域**

　保健領域は心と体の健康な生活を送るための学習をします。

　まずは教科書の内容を丁寧に扱いましょう。そしてインフルエンザの流行期や運動会の練習期間など，機会を見つけて衛生的な生活や怪我の予防などを指導するとよいでしょう。

●体育は多くの領域がある。一つの領域に偏らないように教育課程を組んでいく。

（岡田　広示）

教科の授業づくり

⑮ 生活①

　生活科の内容は，①学校，家庭及び地域の生活に関する内容，②身近な人々，社会及び自然と関わる活動に関する内容，③自分自身の生活や成長に関する内容の３つです。具体的な内容は全部で９つ明示されています。単元がどの内容にあたるのかを意識して授業を行います。

1　学校，家庭及び地域の生活に関する内容

(1)　学校生活に関わる活動

　学校の施設の様子，学校生活を支えている人々を知り，役割に気づいたり，関心を持って関わろうとしたりする姿を育てます。

(2)　家庭生活に関わる活動

　家庭における家族のことや自分でできることを考えます。家庭でできることを実際に行い，活動したことを家族や友だちに伝え合う場を設け，家庭生活や自分を見直します。家庭事情への配慮を欠かさないようにしましょう。

(3)　地域に関わる活動

　地域に出かけ，地域で生活したり，働いたりしている人々に関わり，訪ねたり話を聴いたりして繰り返し関わります。自分の地域のもの・人・ことに親しみ，愛着が持てるようにします。各地域により商店や農家，祭りなど，素材が様々で計画の立て甲斐があります。

2　身近な人々，社会及び自然と関わる活動に関する内容

(1)　公共物や公共施設を利用する活動

　公園の遊具，トイレ，図書館，駅といった公共施設やそこで働く人々との関わりです。

(2)　身近な自然を観察したり，季節や地域の行事に関わったりするなどの活動

　季節やその変化を感じる場所や地域の行事，人などに関わる活動です。対象の場所には季節ごとに何度も関わり，その変化を比較し，季節を感じることができます。

(3)　身近な自然を利用したり，身近にあるものを使ったりするなどして遊ぶ活動

　草花，水，土，砂，雪など季節に応じて自然の中で遊んだり，紙，空き容器，段ボール，牛乳パック，輪ゴムなど身近に目にするものを使って遊びを作り出したりします。

(4)　動物を飼ったり，植物を育てたりする活動

　植物や小動物を継続的に育てることで繰り返し対象に関わり，変化や成長を実感しながら命の不思議さ，大切さに気づきます。

(5)　自分たちの生活や地域の出来事を身近な人々と伝え合う活動

　例えば，地域の高齢者や保育園・幼稚園児との触れ合い，伝え合いを通して関わる楽しさを実感し，進んで触れ合うことができるようにします。

●地域を知り，何がどの内容の対象になりそうかを把握しておく。

（近藤　佳織）

⑯ 生活②

> 　生活科の内容の３つ目，自分自身の生活や成長に関する内容は，生活科のゴールとも言える内容です。
>
> 　また，生活科を行うにあたり，幼児教育との関連や中学年への接続を意識することも大切です。

1 自分自身の生活や成長に関する内容

　１年生は「入学してからの自分」２年生は「生まれてから今までの自分」を振り返り，できるようになったこと，大きくなった自分について活動を通して感じていきます。同時に，支えてくれた人やお世話になった人がいることに気づき，感謝の気持ちを持ち，これからの生活に繋げていきます。

2 生活科で大切にしたいこと

⑴　幼児教育との接続を意識する

　幼児期の発達や学びを小学校生活に繋ぎます。円滑な接続をめざすためにスタートカリキュラムを作成している学校が多いでしょう。「協同性」「思考力の芽生え」「数量・図形，文字などへの関心・感覚」など幼児期の終わりまでに育ってほしいことの育ち具合は，入学してきた子どもにより様々です。子どもたちが小学校教育に徐々に慣れていけるよう，幼児教育との関連を意識し，授業を工夫したいと考えます。

　例えば，入学当初であれば，授業時間の全てを学習に向かわせようとしな

くても30分間で構成する，後半はゆったりタイムにする，絵本を読み聞かせるなどもよいでしょう。

　また，活動に没頭するようになってくると朝の会の15分間を合わせ60分間程度の時間を確保し，活動することも考えられます。

　遊びを通して学んできた幼児教育を踏まえ，対象にじっくりと繰り返し関わります。発達段階を考慮し，「探検しよう」「お宝は何か」「秘密を見つけよう」と投げ，追究意欲を高め活動を進めていけるとよいと考えます。

(2) 他教科との合科的・関連的な指導を意識する

　生活科は他教科との関連が大切な教科です。生活科で学んだことが他教科で題材になったり，身につけた能力を他教科で発揮したりすることがあります。例えば，前者であれば，体験したことや思いを絵で表す（図画工作），言葉で表現する（国語），活動の内容や思いを歌やダンスで発表する（音楽）などが考えられます。また，後者では，算数で学習した「長さ」の技能を使い，野菜のつるを測るなど他教科で身につけた資質・能力を生活科で使うこともあります。

　合科的・関連的な指導を充実させるためには，子どもの想いや願いを生かした学習活動を展開する，単元配列を各教科との関連から見直すなどします。そして子どものやってみたい，育てたいなどの動機づけを高め，体験を通して感じたことや学んだことを表現したり，考えを明確化したりして他教科へつなげていけるとよいと考えます。

　年間指導計画に位置づいた教科との関連を確認しながら進めていきましょう。

●幼児教育との関連や各教科との関連を踏まえ，授業を計画する。

（近藤　佳織）

⑰ 家庭①

　家庭科は5年生になり初めて学習する教科です。高学年を担任することがなければ，なかなか指導する機会のない教科でもあります。家庭科という教科の特性と魅力を踏まえ，学習内容が年間指導計画のどこに位置づくかを年度はじめに確認しておくとよいでしょう。

1　家庭科という教科の魅力

　家庭科という教科の魅力とは，何でしょうか。それは，生活そのものが学習対象であり，実践的・体験的な活動を通して学ぶ教科である点ではないでしょうか。子どもが実際に学んだことを実生活に取り入れ，自分の生活を豊かにすることができる内容です。

　例えば，「B　衣食住の生活」では調理の基礎を学習します。実践的・体験的な活動を通して調理に必要な材料と分量や手順，洗い方，切り方，盛り付け，配膳，後片づけなどに必要な知識及び技能を身につけていきます。

　身につけた知識及び技能を実生活に生かし，身近な生活の課題を解決し，家庭や地域で実践することを目指しています。

　実習計画を立てる際は，用いる食品の安全・衛生に留意すること，食物アレルギーを持つ子どもがいる場合はアレルギーを引き起こす食品が含まれていないかなどを考慮し，事故のないように実施することが大切です。

2 年間計画と扱う題材を確認する

> A　家族・家庭生活
>
> 　(1)自分の成長と家族・家庭生活
>
> 　(2)家庭生活と仕事
>
> 　(3)家族や地域の人々との関わり
>
> 　(4)家族・家庭生活についての課題と実践
>
> B　衣食住の生活
>
> 　(1)食事の役割　　(2)調理の基礎
>
> 　(3)栄養を考えた食事　　(4)衣服の着用と手入れ
>
> 　(5)生活を豊かにするための布を用いた製作
>
> 　(6)快適な住まい方
>
> C　消費生活・環境
>
> 　(1)物や金銭の使い方と買物　　(2)環境に配慮した生活

　年間指導計画を見て教科書や指導書に目を通し，年間でどのような題材を行うのか，いつ頃何があり，必要な準備は何かを考えます。例えば，秋の文化祭や作品展に家庭科の時間に作成したものを展示するとしたら，Ｂの(5)，布を用いた製作はいつまでに完成する必要があるか，かかる時間，いつから題材を開始するかを計画します。また，扱うものが決まっている題材があります。Ｂの(2)，調理の基礎では，青菜やじゃがいも，米飯及びみそ汁です。Ｂの(5)では，日常生活で使用する物を入れるための袋などです。それ以外は実態に応じ工夫します。

●実践的・体験的な活動を通した具体的な学習を展開する。

（近藤　佳織）

第2節 教科の授業づくり

⑱ 家庭②

> まずは題材全体の計画を構想し，ゴールを設定します。それをもとに
> 1時間の授業のゴール，授業の終末に何ができるようになればいいのか，
> 子どもからどんな振り返りが出れば達成と言えるかを決めます。そして，
> 学習課題（めあて）の設定，具体的な活動内容と流れ，板書計画を作成
> します。

1 題材のゴール，1時間のゴールを確認する

　授業を計画する際はまずその題材のゴールは何かを確認することが必要で
す。一つの題材を通し教科書や指導書を読みます。

> ・子どもたちはこの題材を通して，どのようになりたいと思っているか。
> ・そのためには，題材の終わりに子どもが何を理解し，何ができるよう
> 　になればよいのか。
> ・どのような活動にしたら主体的に取り組むか。

　これらを意識した計画を構想します。その上で，1時間ごとのゴールであ
る，授業終末の子どもの姿や発言の具体的な言葉をイメージし，授業のねら
いを設定し，発問や板書計画を考えます。
　子どもが主体的に取り組むためには，「こんなものを作りたい」「こんなふ
うにきれいにしたい」と思える見本を提示するなど導入を工夫し，なりたい
姿のイメージを持たせることが考えられます。

2 各内容の配慮点と生活につながる工夫

(1) 家族・家庭生活

　生活時間を調べる，家庭生活を支える仕事と分担の必要など家族に関する内容では，各家庭や子どものプライバシーを尊重し，配慮する必要があります。家族構成や生活時間は様々であることを押さえ，家族の一員として自分ができることに目を向け，実践できるようにつなげたいものです。

　「家族や地域の人々との関わり」では，例えば，「B　衣食住の生活」に関連させ，地域の方にミシンを教えていただくことで関わることができます。

(2) 衣食住の生活

　道具を使って布で物を製作する活動や，火や刃物を使い，調理をする活動があります。製作・調理活動は子どもの意欲が高く，座学ではないことでやや興奮する子どももいるかもしれません。活動の前と後の包丁，はさみ，針の数は必ず確認しましょう。ミシンがきちんと動くか，ガスの確認も必要です。活動の前にも安全に行うための約束事を明確に伝え，怪我ややけどなどのないように授業を進めることが大切です。

　身につけた技能を生かし，家でも作ってみる，夕食を準備するなどにつなげていけるとよいでしょう。

(3) 消費生活・環境

　日常の買い物に生かせるような身近な物を買う際には，どの観点（値段，性質，環境，デザイン）を重視するかで買う物の選択が変わること，環境に配慮した生活，物の使い方について考えさせたいものです。

●家庭に関することは，プライバシーを尊重する。
●各内容を相互に関連させた授業を。

（近藤　佳織）

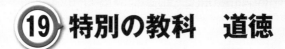

⑲ 特別の教科　道徳

道徳の読みもの教材には，文中に様々な仕掛けがあります。その仕掛けを教材分析の７つのステップでひも解いて授業を作っていきましょう。

教材分析の方法を持っていると，毎週の道徳の授業も短時間で作ることができるようになります。

1 道徳は７つのステップで！

⑴ 物語を最後まで判読でスタート

まずは教材文を最後まで音読してみましょう。道徳では授業でも，子どもに読ませるよりも教師が判読し「聞く」ことに集中させることで物語が解釈でき，本時の課題を子どもが考えやすくなります。また物語は途中で切るようなことはせずに，全文通読すると教材のよさが生かされます。

⑵ 主人公を捜せ！

物語教材には，必ず主人公がいます。道徳教材の主人公のきまりは「葛藤する」「変容する」ことです。主人公は道徳的課題に直面し，それについて葛藤し変容するのです。この主人公の変容を丁寧に追いかけて，その要因となった道徳的価値を考えていきます。

⑶ 起承転結に分ける

次は本文を「起承転結」に分けてみます。作品によっては「起承承転結」や「起承転」の場合もあります。分けるときは場面の特徴で区切ってみましょう。起は「道徳的な問題が発生する」承は「主人公の葛藤がある」転は

「主人公の変容がある」結は「価値確認」です。

(4) 転の部分で主発問を作る

　転は，必ず主人公の心の変容があります。そこに主発問を持ってきます。問うのは「主人公の心の変容の理由」です。これを「主人公はどう考えたのか？」「主人公はどうすべきか？」など，当該学年にわかる言葉で問いましょう。

(5) 承の部分でどっぷりと主人公の心情に迫らせる

　転の主発問に答えられるように，承の場面で，どっぷりと主人公の心情やお話の中に浸らせましょう。ここでどれだけ浸れるかで深まりが変わります。

(6) 副詞，副詞句を探す

　「承」や「転」には「ハッと」「しぶしぶ」など，副詞，副詞句があります。これは道徳的価値に迫る仕掛けです。子どもが考える取っ掛かりにもなります。主人公の心の動きを考えさせるキーワードにもなります。

(7) 主発問から多くの発言を予想する

　主発問から，子どもがどのような反応をするかを考えます。そして，それに対する補助発問を用意しましょう。子どもに問いかけ直して「ねらう価値」まで高めなければいけないからです。

●決まった方法で教材を分析すると，授業も安定して実践できる。

（岡田　広示）

第2節　教科の授業づくり

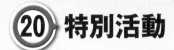

⑳ 特別活動

> 　特別活動の内容は多岐に渡ります。それぞれの内容が，どのような考えのもとカリキュラムに位置づけられているか理解し，次につなげる意識を持つと，子どもたちが自分から生き生きと活動するようになります。

1　特別活動って何!?

　国語や算数の教科とは違い，「特別活動って何をするのですか？」と言われて正確に答えられる人はどのくらいいるのでしょうか。「特別活動」と名称に「活動」が入っているので，「何かをする」ことが中心であるということはわかると思います。

　特別活動は，学級活動，児童会活動，生徒会活動，クラブ活動（小学校のみ），学校行事とその内容が多岐に渡ります。また学級活動は(1)学級や学校における生活づくりへの参画，(2)日常の生活や学習への適応と自己の成長及び健康安全，(3)一人一人のキャリア形成と自己実現の３つに分かれます。

　例えば，係活動は学級活動(1)としてカリキュラムに位置づけられます。また掃除当番の編成も学級活動(1)としてカリキュラムに位置づけられますが，「掃除にどのような姿勢で取り組むか」考える時間は，学級活動(3)としてカリキュラムに位置づけられます。

　自分の学年で特別活動の内容がどのようにカリキュラム編成されているか，年間指導計画を見ながら確認してみるとよいでしょう。

2 実際の授業について

(1) 学級活動の流れ（例）

学級活動(1)，(2)，(3)を授業で行う場合，以下の流れで行います。

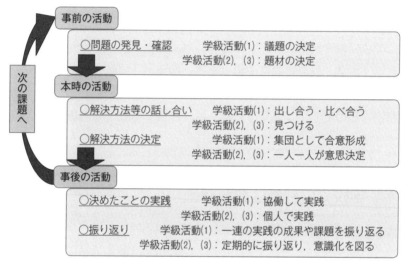

文部科学省国立教育政策研究所教育課程研究センター『みんなで，よりよい学級・学校生活をつくる特別活動（小学校編）』（教師用指導資料）2019年，文溪堂をもとに著者が作成。

(2) 「なすことによって学ぶ」特別活動

特別活動は，「なすことによって学ぶ」という考え方を大切にしています。したがって授業で学んだ内容が，日常生活にどのように生かされ，発展していっているか見守り，その後の活動につなげていく必要があります。

●特別活動がどのようにカリキュラムに位置づいているか確認する。
●授業だけでなく，事前，事後の活動にも目を向ける。

（松下　崇）

第3節 評価の方法

① 目標と評価

> 　学校の教育活動には必ず「目標」があります。そして「目標」が決まれば「評価」が自動的に決まります。例えば「掃除を黙ってする」という目標があったとします。すると「掃除を黙ってできた」という「評価」が決まるのです。つまり「目標」と「評価」は双子の関係なのです。

1　学校での評価は教育評価

　皆さんは「評価」と聞いて何を思い浮かべるでしょうか？　テストでしょうか？　通知表でしょうか？　しかし、それらは評価活動にとってほんの一部でしかないのです。学校で行われている評価は、教育評価と言われるものです。

　教育評価は、設定した目標に対して、子どもがどれくらい成長しているのかを見取り、その目標に到達していれば「価値づけ」を行い、到達していなければ、その為の手立てを打つ一連の流れのことです。言い換えれば「確認、調整、価値づけ」です。

　また学期末の通知表や年度末の指導要録は「評定」と言われるものです。「評定」は「そのときの子どもの様子」です。通知表なら1学期末での子どもの様子、指導要録ならその学年での子どもの様子です。先ほどの「確認、調整、価値づけ」の「確認」の部分です。

　そして教育評価の大切な機能として「教師の指導に対する評価」があります。教師の指導に対して、子どもの結果が思わしくない場合は「教師の指導

がマッチしていなかった」ことが考えられ，指導の改善になっていきます。

2 具体的場面の評価

(1) 生活の中で

　学校生活の中の具体的な場面で考えてみます。例えば，子どもの靴箱を思い出してください。Ａ君の靴は見た目も美しくきれいに揃えて片づけられています。一方，Ｂ君の靴は，乱雑に置かれています。これが「確認」です。確認後，Ａ君に対して「きれいに並べてあるよ。すごいね」といった賛辞の言葉がけをします。これが「価値づけ」になります。Ｂ君には靴を揃えた上で「次は気をつけて揃えて置こうね！」と指導します。これが「調整」です。このように授業場面だけではなく，日常生活の中でも評価活動は行われています。これは多くの場合，無意図的に行われています。評価活動を意識して実践することが大事です。

(2) 授業の中で

　もちろん授業の中でも評価活動は行われています。少しわかりにくそうにしている子どもをイメージしてください。その子に対して「わかった？（確認）」と尋ねます。「うん！　わかった！」と返ってくると「じゃあ，次はこれをやろうか（発展）」と進めます。しかし「う〜ん。まだわからないよ」と返ってきたら「じゃあ，これをしてみよう（調整）」と指導します。教師は，その時間の「目標」を意識して指導しています。この目標と子どもの形成状態を，評価の目を通して進めているのです。

●教育評価は「確認，調整，価値づけ」の流れのこと。

●評価をするには目標が必要。

●評価は常に意識してやっていく。

（岡田　広示）

② 通知表の書き方

通知表は学期末や年度末に，保護者に対して子どもの形成状態を伝えるためのものです。子どもの学力の様子を観点別に３段階で，生活の様子を２段階で評定したものです。総合的な学習の時間や外国語，特別の教科「道徳」などは文章で学習の様子を伝えます。普段から評価資料を集めておきましょう。

---

1 まず評定，そして所見を書きましょう

通知表を作っていくために，はじめにすることは各教科の評定です。評定は「その時点での子どもの形成状態を評価したもの」です。通知表締め切りから逆算して評定は行うようにしましょう。

評定の出し方は，観点に合わせて，いろいろな方法があります。「知識・技能」なら単純なペーパーテストをもとにして「80点以上ならA，60点以上ならB」などとすると，わかりやすいでしょう。「思考・判断・表現」なら普段のノートの記述や子どもの作ったレポート，まとめの新聞，ポートフォリオなどで見ていきます。「学びに向かう態度」はノートの記述や学習の成果物だけではなく教師の行動観察が必要です。まめに「この子伸びているな」と見つけたことはエピソードとして記録しておきましょう。

この評定をもとにして所見を書いていきます。評定で「十分満足（A判定）」を出せた個所をメインに書いていくのです。所見は，主に「学習面」と「生活面」の２つで子どもの成長を書くようにします。

2 所見の書き方

(1) 学習面の伸びを書く

学習面で見られた子どもの育ちを具体的に書いていきます。ここでは「算数で台形の面積の求め方を三角形の面積の公式を使って見つけることができました。（数学的な考え方）」「兵十に対するごんの気持ちの変化を物語に沿って説明できました。（読み取り）」など，評定で「十分満足（A判定）」にした理由を言葉にすると書きやすいです。

(2) 総合的な学習や外国語活動，特別の教科「道徳」を書く

総合，外国語，道徳は文章表現での評価が求められています。それぞれ観点に沿って，子どもの活動で伸びたと思えるところや価値項目について考えられたと思われるコメントなどを書いていきます。いずれも教師が「この行動があったから」や「このコメントは十分価値に迫っている」など「十分満足できる」と判断したことが評価の根拠としてあれば大丈夫です。

(3) 生活面を書く

教師の行動観察や子どもの日記，日頃の発言などからエピソードを書いていきます。普段から「これはいいな」と思う，子どもの様子を記録しておきましょう。

●評定は「その時点での子どもの形成状態を評価したもの」。
●所見は子どもの育ちについて，エピソードを交えて具体的に書こう。
●普段から観察，記録を取っておくと自信を持って書くことができる。

（岡田　広示）

③ 指導要録の書き方

指導要録は，その学年での学習面と生活面両方の成長の記録です。次年度以降の教師の子ども理解の資料になるだけでなく，20年間保存される公簿です。1年間の記録をもとに子どもの「今」を綴っていきましょう。

1 指導要録の記入の手順

(1) 学籍に関する記録

4月のはじめに担任印の押印と，子どもの住所や姓名の変更を確認します。6年生については，3月末に卒業年月日及び進学先を記入します。

(2) 各教科の学習の記録

1〜3学期の総合で評価します。

①観点別学習状況

A：十分満足できる……質的な子どもの高まり，深まりが見えたとき。

B：おおむね満足できる……次学年の学習に大きな支障がないもの。

C：努力を要する……Bの状況に達していないもの。

②評定（3年生以上で「3・2・1」の段階で評価する）

3：十分満足できる……質的な高まり，深まりが見えたとき。

2：おおむね満足できる……次学年の学習に大きな支障がない。

1：努力を要する……2の状況に達していないもの。

⑶　特別の教科道徳

　内容項目に対して「多面的・多角的に見るようになった」「自分の経験や自分自身に当てはめて考えた」と思える子どもの記述を引用して「このようなコメントから○○の力が高まっています」など，どのような力がついたかを記述する。

⑷　総合的な学習の時間の記録と外国語活動の記録

　観点に照らして，子どもの学習状況に顕著な事項がある場合にその特徴を記入するなど，どのような力がついたかを文章で記述します。総合的な学習の時間ならポートフォリオから子どもが育ったと思える資料を提示するといいでしょう。

⑸　行動の記録

　子どもの行動について，各項目の趣旨に照らして十分満足できる状況にあれば，該当する欄に○印を記入します。この時の判断基準の資料とするために，日頃から「普段からよく外で遊んでいる」「係の仕事を忘れずにしている」など，子どもの記録を取っておきましょう。

⑹　総合所見及び指導上参考となる諸事項

　各教科や外国語活動，総合的な学習の時間の学習，行動に関する所見は，1学期から3学期までの通知表の所見から考えるといいでしょう。気をつけなければならないのは子どもの特技，学校内外におけるボランティア活動，表彰を受けたものです。これは市町村レベルで書くか，都道府県レベルで書くかなど，学校で決まっています。確認してから書くようにしましょう。

●指導要録は20年保管される公簿。丁寧に作成する。
●3学期分の通知表をもとに総合的に判断する。

（岡田　広示）

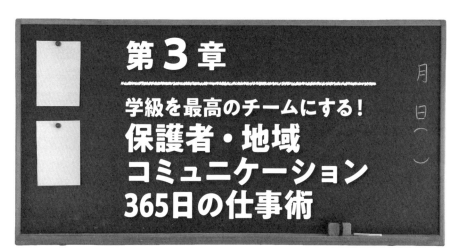

第3章

学級を最高のチームにする！

保護者・地域 コミュニケーション 365日の仕事術

月

日（　）

① 保護者とのつながり方

　保護者とのつながり方は，ときに非常に難しく，特に若い時期には迷うものです。

　こうやれば必ずうまくいく，という方法を示すことは難しいのですが，セオリーのようなものを示すことはできます。

1　まずは子どもと楽しく関わる

⑴　子どもたちが「楽しい」と感じる先生とは

　いくら保護者と仲良くなろうとしても，教師と子どもとの関係性や，子どもの学校での過ごし方によって，教師本人に対する印象は異なります。

　若い先生に向けて子どもたちが楽しく過ごせるためのポイントを示します。

　①明るく楽しい先生でいる。

　②子どもの話をよく聴く。

　③子どもとよく遊ぶ。

⑵　子どもも保護者も肯定的に捉え，伝える

　子どものよいところを保護者の方へ伝えていますか？

　ついつい保護者の方へは困ったことやトラブルの連絡をすることがあっても，「よかったこと」の連絡をすることが少なくなってしまいがちです。

　しかしそれでは保護者が「うちの子は常に悪く見られているのではないだろうか」という疑念を持ちかねません。

　そこで，年度当初から保護者の方へ電話や連絡帳などで肯定的な連絡をす

るようにします。特に年度当初は多いかなと感じるくらいでもよいでしょう。

　そうやって「この先生はよく見てくれる」と感じてもらえることが，保護者の安心感を支えることにつながるのです。

2　保護者とどう関わるか

⑴　傾聴する

　こちらが伝えたいこともあるでしょうが，基本，保護者の話はまず「勉強になります」と謙虚な気持ちで傾聴することです。

　それは若い年代だけでなく，ベテランと呼ばれるような年代になっても大切なことですし，実際に「勉強になる」ことも少なくありません。

　そういった姿勢で傾聴することで，初めてこちらの話も聴いてくれるスタートラインに立つことができます。

⑵　人生の先輩としての「保護者」

　「先生」と呼ばれ，毎日子どもたちを相手にあれこれ教えていく。

　そういう毎日を送っていると，ついつい何でも知っているように勘違いし，保護者に対してあれこれ言いたくなることがあるかもしれません。

　しかし，それではなかなかうまくいきません。

　そもそも若い先生方は下手すれば「我が子」くらいの年齢に感じている保護者の方も少なからずいます。

　赤の他人ですから，甘えるわけにはいきませんが，「頼りにする」ことで，つながりができることはしばしばあります。

　「ありがとうございます」がたくさん言える関係をつくっていけるように，いろいろな面で頼りにすることも大切です。

●子どもにも保護者にも明るく楽しく，そして肯定的に関わる。
●謙虚さと感謝を持ち，保護者を頼りにすることも大切。

（南　惠介）

② 連絡帳の書き方・書かせ方

連絡帳は，どうして書くのでしょうか。それは，子どもたちが大切なことを確認するときに使うからです。ならば，大切なことを覚えていることができれば，書かなくてもよいのでしょうか。どのような内容を書くのか，書かせるのかを考える必要があります。

1　連絡帳を書く目的を考えながら

どのようなタイミングで，どのような内容を，黒板に書くのか，連絡帳に書かせるのかは，頭を悩ますところです。タイミングとしては，給食準備の隙間時間，歯磨きが終わって遊びに行く前の隙間時間，授業時間外で3〜5分を目安にしています。

内容としては，宿題（◎），自主学習（◎），配り物（◇），持ち物（㊢）が中心です。私の場合は，次ページに示した週プログラムを発行しているので，時間割などの予定は事前に確認できますし，黒板に書く内容を厳選することができます。

担任が連絡内容を黒板に書き，子どもが写す作業を「視写」とするならば，担任が連絡内容を音声で伝え，子どもが書く作業は「聴写」となるでしょう。目的は，見て書く力，聴いて書く力を高めるためと考えることもできます。

しかし，どちらにしても，内容を厳選することをお勧めします。

4年1組　週プログラム　4月　第3週（4月15日〜4月19日）

	15日（月）	16日（火）	17日（水）	18日（木）	19日（金）
朝	朝読書	朝読書	朝読書	朝読書	朝読書
1	国語 水平線を視写する	国語 こわれた千の楽器の感想を書く	国語 音読練習と辞書引きをする	国語 物語のあらすじをつかむ	国語 登場人物と主人公を考える
2	算数 兆の位までの数を読む	音楽 ○○先生	国語 学力テスト	算数 学力テスト	算数 数直線で大きな数を表す
3	体育 かけっこ タイム計測	算数 0〜9の数字で整数を表す	算数 10倍すると 10分の1すると	図工 絵の具を使って色をぬる	児童会 1年生を迎える会
4	理科 観察に出かける準備をする	社会 交通事故のグラフから考える	図工 赤、黄、青をまぜて色を作る	外国語 △△先生	総合 ミニ凧の色ぬり
5	国語（書写） ○○先生	理科 自分の木を観察する	学活 学級目標を決めよう	社会 交通事故を減らす工夫とは何か	体育 かけっこ タイム計測
6	道徳 ふわふわ言葉 ちくちく言葉	総合 1年生を迎える会に向けての準備をする		体育 かけっこ タイム計測	国語（図書） 読書活動
帰	帰りの会	帰りの会	帰りの会	帰りの会	帰りの会
連絡	持ち物 ○給食着・マスク ○歯ブラシ・コップ ○体操着・赤白帽子 ○ハンカチ・ 　テッシュ・名札 　（生活） ○習字道具（書写）	持ち物 ○リコーダー ○けんばんハーモニカ（音楽）	持ち物 ○自分の考え 　（4の1をどんな学級にしたいか？） ○絵の道具（図工）	持ち物 ○教科書 　（外国語）	配り物 ○学級だより ○週プロ 持ち物 ○借りている本 ○本バッグ

◎予定は変更されることがあります。そのときは，学校で子どもに連絡します。
◎連絡帳では，配り物，宿題，週プログラムからの変更点を中心にして書きます。
◎習っていない漢字も使いますが，子どもが漢字に慣れてくれればと思います。

●見て書く力，聴いて書く力を高める目的もある。
●週プログラムを確認して，事前に見通しを持つ。

（髙橋　健一）

③ 学級通信の書き方

> 学級通信は，誰に向けて書くのでしょうか。保護者に向けて，ときには子どもたちに向けて，もしかすると同僚に向けて，担任の考えや願いを伝えることができます。絶対に発行しなければならないものではありませんが，学級づくりにとって大きな役割を果たすものだと思います。

1 伝えるべきことは何かを考えて

　日々，保護者も多忙であり，学校からのお便りを読む余裕がある人ばかりではありません。そんな保護者に伝えるべきことは何なのでしょうか。連絡事項は必要かもしれませんが，それだけではなく，子どもたちの学級での様子をたくさん伝え，加えて少しだけ担任の価値観についても，さりげなく伝えるとよいのではないかと思います。

　しかしながら，文章だらけの学級通信は読む気がしないものです。そこで，写真を多用することも大切です。写真には視覚的にたくさんの情報が含まれており，保護者も負担なく目を通すことができます。

　そして，子どもたちには，学級通信を帰りの会などで読み聞かせることも大切ではないでしょうか。担任の価値観を子どもたちに伝える絶好の機会になります。また，同僚に配り，価値観を共有するための道具にもなります。

あおそら1組

○○小学校4年1組　平成○○年4月19日　第3号

やる気の土台は安心感

今週も，子どもたちと一緒に過ごしてみて，子どもたちのいいところがたくさん見えました。たぶん，私の価値観のフィルターを通しているので，できていないからダメだとか，できているから良いということではありません。私が笑顔で喜んだり，感謝を伝えたりする機会がたくさんありました。例えば…

・あいさつ，返事を気持ちの良い声でしていること（声が出せることは表現力の一部です）
・授業の始まりを意識して，行動していること（時計を見て行動することは社会でも必要です）
・休み時間に，興味関心に応じた遊びを，友達と楽しんでいること（それぞれが楽しんでいます）
・困っている友達がいたら，優しい声がけをしていること（誰かのために協力する姿が素敵です）
・欠席した人がいたら，出来事やメッセージを書いていること（一人一人が大切なメンバーです）
・自主学習で，自分の学びを選択して行っていること（自学を見るのが楽しみです）

　本当に素敵な子どもたちと出会えたことに感謝しています。右のハートの中に書かれている言葉たちは，子どもたちが出し合った「ふわふわ言葉」です。

　学習課題は，「なぜ，ふわふわ言葉を使うのか」で授業をしました。チクチク言葉を言ってみると，落ち込んだ雰囲気になりました。子どもたちの表情からも言いたくない，耳を塞ぎたいという気持ちが伝わってきました。（無理はさせないように，聴きたくない人は耳を塞いでいいですよと伝えました。）ハートの外に並んだチクチク言葉をハサミで切り取り，学級から無くす言葉として，ゴミ箱に捨てました。反対に，ふわふわ言葉を言ってみると，明るく楽しい雰囲気になりました。そして，「ハートの中の言葉を増やしていきましょう」と伝えました。まとめは，「相手がやる気，元気，安心，楽な気持ちになるから」となりました。

　子どもたちには，「人は責められても，罰を与えられても，やる気にはなりません。ふわふわ言葉で，安心が生まれ，土台になるからやる気につながるのです」と伝えました。ときには，厳しさも必要だと思います。私の考える厳しさは，一人一人の子どもに合わせて，「毅然と優しく徹底すること」です。

●担任の価値観について，さりげなく伝える。

●伝える相手は，保護者，子どもたち，同僚。

（髙橋　健一）

④ 家庭訪問

保護者とどのような関係を作るかで学級の運営が大きく左右されることがあります。

年度当初の家庭訪問は，その最初のチャンスです。

では，どのようなことに気をつけて家庭訪問に臨めばよいのでしょうか。

1 家庭訪問でまず大切にするのは「傾聴」

保護者と相対するときにまず大切にするのは，「傾聴」です。

もし，年度当初こちらから伝えたいことがあっても，保護者が喋りたい，話したいと考えているなら，まずそれを大切にするべきです。

対話に近い場面では，俗に言う「話し上手」は実は「聞き上手」であることが多く，ほとんど話していないのに，よく話を聞き，相づちをうち，共感することで「話がうまい」と相手が感じていることはよくあります。

メモを取った方がいい場合は「メモを取らせていただいていいですか？」と尋ねてメモを取ると，「真剣に聞いてくれている」と感じられます。

聞くだけに留めておいた方がよいこともあるということもあります。

友だち同士の問題，昨年度までの学級運営上での問題など，ネガティブな話題が出てくることがあります。一方的な視点からの話題であることもあるので，不用意に同意することなく，まずしっかりと聞くようにします。

もし対応が必要なら「持ち帰って考えます」と答えると誠実に感じられる

でしょう。もちろん，その後，何らかの返答が必要です。

2　最初の出会いは大切

　最初に持ったイメージは後々まで影響を与えます。

　家庭訪問では次の３つのイメージを大切にしたいものです。

①爽やかさ　②誠実さ　③清潔さ

　保護者に初めて会うときです。爽やかな笑顔を浮かべ，誠実に話を聞き，話し，そして清潔な服装（案外，靴の汚れを見ておられる方もいらっしゃいます）でいることの「３つのS」を大切にしたいものです。

3　教師が用意しておくものは？

　教師はただ話を聴きに行けばよいのかというと決してそうではありません。保護者の中には「話が苦手」な方も多くいらっしゃいます。

　子どものよいところや好きなもの，趣味などいくつか話題としてピックアップしておき，それを話せるようにしておくとお互いに緊張がほぐれてよいでしょう。抽象的な話題ではなく，できればエピソードとして語れるようにしておきます。

　さらに，保護者の方が答えやすいような質問をいくつか考えておきます。私の場合は「アレルギーはありませんか？」「おうちではどんなことをして過ごしていますか？」「好き嫌いはありますか？」など，比較的答えやすい質問を用意していきます。

●家庭訪問の基本は「傾聴」。

●よい印象は３S（爽やかさ・誠実さ・清潔さ）で決まる。

●用意しておく話題は，「質問事項」と「子どものポジティブな話題」。

（南　惠介）

⑤ 参観日を活用する

> 　参観日は子どもにとっても大切ですが，教師や保護者にとってもとても重要な意味を持つ行事です。
>
> 　では，その重要な行事をどのようにとらえ，どのように活用すればよいのでしょうか。

1　参観日の役割の違いを知る

　参観日と言っても，特に大きい学校では自分で自由に考え，実践できることばかりではなく，周囲と揃える必要があることも多いでしょう。

　ですから，中身についてはここでは割愛して，もっとも重要な「役割」について述べたいと思います。

⑴　参観日の「役割」とは？

　参観日の役割は「3つ」あります。

①教師の自己紹介。

②子どもの成長を見せる。

③学校で決まった「啓発的な」内容の授業を行う。

　特に新年度最初の授業は①を大切に行い，徐々に②にシフトしていくといいでしょう。

　最初の頃の参観授業は「楽しく，明るく，どの子も安心して参加できる授業」を組み，子ども一人ひとりの成長にフォーカスしません。そして，後半になればなるほど子どもたちの成長を見てもらえるような授業を考えます。

つまり「参観日」を一つひとつの節目と考え，そこに向けて，どのような力をつけていくか計画的に考えていくというのも，参観日をうまく活用する視点となります。

なお，「研究授業のような」よい授業を志向する必要はありません。

(2)　「教師」をどうアピールするのか

①の自己紹介は，本当に単なる自己紹介という訳ではなく，保護者にとって「望ましく，安心できる教師像」をアピールするという自己紹介です。

もちろん，子どもたちに対してずっと理想的な像を見せ続けることはなかなか難しいと思いますが，保護者にとってはその1時間が「その教師の全て」です。ここで，「この先生は子どもたちや私たちの話を聞いてくれそう」「子どもたちを肯定的に見てくれる」「明るく楽しい」という3つの観点をアピールできれば，保護者の方の安心感にもつながると考えます。

2　年間の計画を立てる

③で示したような参観日のときに，保護者の方への「啓発」という視点から，様々な形で学校全体で「テーマ」が設定されていることがあります。

例えば，「人権的な視点」であるとか，「性教育」であるとか，何らかのテーマに沿っての参観授業（と，それに付随する学級懇談会や講演会）が学校全体で行われる場合です。

また年度末の参観日などは発表会的なものを行う参観日も散見されますから，学校全体の参観日の計画を確認しておくとよいでしょう。

合わせて，図工や書写の作品などの掲示についても，どうせなら参観日に多くの保護者に見てもらえるように計画を立てておくとよいでしょう。

そうすることで，余裕を持って参観日を迎えることにつながります。

●時期による「役割」の違いを理解しよう。
●年度当初に年間を通しての計画を大まかに立てておこう。

（南　惠介）

⑥ 学級懇談会

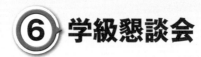

> 年に数回の学級懇談会は，保護者と顔を合わせ，学級や学校に対する質問を受けたり，担任の考えを伝えたりすることができるよい機会です。忙しい保護者が，「きてよかった」と思えるような時間にできるよう，準備をして臨みましょう。

1 年度はじめの学級懇談会

　年に2〜3回の学級懇談会で，もっとも人数が集まりやすいのが年度はじめの学級懇談会です。今年の担任の先生やクラスの保護者はどんな人かな，1年生であれば学校生活そのものへの不安や要望を持ち参加される方が多いためでしょう。

　年度はじめの学級懇談会では，学校運営方針や学年経営方針に基づいた担任としての学級経営方針や4月の子どもの様子をお話しします。

　同時に，学級懇談会が保護者同士顔見知りになるきっかけになるとよいと考えます。画用紙と水性マーカーを準備し，机は円にします。画用紙は3つ折りにし，真ん中に子どもの名前と保護者の名前を書き，三角にして他の人に見えるように置いてもらいます。懇談会の最初は，お子さんの名前と自分の名前，お子さんのいいところを一つ紹介しながらの自己紹介をしてもらいます。「太郎の母の山田花子です。うちの子は元気がとりえで，毎日よく食べます」などのようにです。最初は，担任である自分から始め，フォーマットを示すとよいでしょう。

2 懇談会のポイント

(1) 学級経営方針を伝える

年度はじめの懇談会では，今年の学級経営方針を保護者に伝えます。子どもの実態，育てたい子どもの姿，担任として大事にしたいことと具体的な手立てなどを話します。欠席する方もいるので配布用に簡単な資料も作ります。

(2) 子どもの学校での様子を伝える

学習参観の授業は見るけれど，懇談会は出ないで帰宅するという保護者も増えています。そんな中，学級懇談会まで残っていただけるのですから懇談会資料に加え，子どもの具体的なエピソードを伝えると好評です。例えば，撮りためた写真をスライドショーで見せるのもお勧めです。

(3) 保護者に話してもらう場に

懇談会では，質問を受けたり，要望を聞いたりします。保護者からよく出るのは「家庭学習への取りかかり」「ゲームとの付き合い方」などです。家庭学習については学校で取り組む時間を決めているところもありますので学校の方針や担任としての考えを伝えると同時に，質問した以外の保護者がどのように考えたり取り組んだりしているかを話してもらいます。他の家庭での取り組みがヒントになることもあるからです。

万が一，すぐに答えられないような質問や要望を受けたときは即答せず，「学年主任と相談してお返事します」「教頭に確認し，後日お返事いたします」などと答えるとよいでしょう。

●保護者には見えにくい学校での子どもの様子を伝える工夫を。
●即答できない質問や要望は，後日改めてお返事をする。

（近藤　佳織）

⑦ 個別懇談会

個別懇談会は，年に１回か２回の学校が多いでしょう。保護者と顔を合わせ，個人的にお話しできる貴重な機会です。ただ何となくおしゃべりをするのではなく，限られた時間にその子の学校生活の様子（主によさ）を具体的に伝えることができるよう，事前にエピソードなどを準備して臨みましょう。

1　準備をして臨む

　個別懇談会は，保護者と個人的に話せる貴重な機会です。わずかな時間のために仕事を休んだり，抜け出したりしてきてくださるということを考えて準備をします。個別懇談会は，最初に主に学校での子どもの様子を伝え，最後に，「ご家庭で何か気になることはありますか」と保護者からお話ししていただく流れで進めます。伝えたいことは，子どものよさ，成長や頑張りなど肯定的な姿です。

　せっかくきていただいて「とてもいい子ですよ。何も言うことはありません」と言うだけでは保護者はがっかりします。どんな点でよい姿が見られるのかを具体的に話せるよう，子どもの姿をメモしておく，話すことを選び，決めるなどの準備が必要です。

　その際，何か具体物を準備しましょう。日々の子どもの様子を撮っておいた写真を見せながら，「清掃時は隙間なく雑巾がけをしています」などその姿を保護者と共有することができるとわかりやすいです。また，国語や算数

のノートを集めておき，「自分の考えを書くことができるようになってきました」「丁寧にノートを書いています」というように，子どもの成長の証としてノートを見せながら話すとよいでしょう。

　もしもどうしても伝えたい課題があれば，肯定的な面を複数話した後，「今後さらに伸びるために……」「引き続き指導を工夫していきたいと考えているのですが……」と切り出し，学習面や友だち関係について現在の状況と担任としての指導の姿勢をセットにして伝えます。

2　個別懇談会に関するちょっとした気遣い

⑴　順番を待っている間に

　教室前の廊下で時間まで待っていてくださる保護者が多いでしょう。教室前には，「足を運んでいただき，ありがとうございます」と一言添え，懇談の時間と子どもの名前を明記した一覧を貼っておきましょう。また，椅子を出しておく，廊下に子どもたちの作品や振り返りカード，行事写真を掲示するなどし，待ち時間に目を通していただけるようにしておきましょう。

⑵　時間を守る

　個別懇談会の時間はできるだけ守りましょう。盛り上がってきたところで話を打ち切るのは心苦しいですが，一人の時間が決まった時間を過ぎてしまうと次の保護者をお待たせしてしまいます。「ありがとうございました。また何かお気づきのことがありましたらいつでもご連絡ください」などの言葉で締めくくると終わりを示しやすくなります。

　また，個別懇談会の時程を組む際，3人終えたら10分のクッションタイムを取るなど工夫すると万が一伸びたときの時間調整になります。

●保護者に足を運んでよかったと気持ちよく帰ってもらえる準備を。
●待ち時間に様子が見える掲示や，時間を守った懇談会を。

（近藤　佳織）

第1節 計画的な行事を通して

⑧ 長期休業の前に

長いようで短く感じる夏休み。計画的に，見通しを持って過ごすことで，充実した日々を送りたいものです。チェックリストをもとに，自分の仕事を整理してみましょう。

1 長期休業前にやるべきこと

夏休みや冬休みは子どもたちだけでなく，教師にとってもなんだかワクワクするものです。「夏（冬）休みになったら……」と思っていることも，実際上手くいかず長期休み後に，「こんなはずじゃなかった」と思うことは多くあります。長期休み前に課題を整理して充実した日々を送れるようにしたいものです。以下の表でまず，チェックしてみてはどうでしょうか？

	やるべきこと	やっておいた方がよいこと
子どもへの指導に関すること	・長期休みの過ごし方 ・長期休み中の宿題について ・持ち帰る道具の確認	・それまでの学級経営の分析 ・成績処理 ・長期休み明け後の教材研究
学級・学校事務	・出席簿の確認 ・週案の確認 ・教室の整理 ・諸届（年休等）の確認	・職員室の書類の整理 ・校務分掌上の起案文書の作成

2　夏休み前にやるべきことを整理するポイント

(1)　子どもへの指導に関すること・やるべきこと

　この項目に漏れやミスがあってはいけません。必ず学年や担当の教師と一緒に指導の内容を確認しましょう。自分の思い込みや独断で進めると取り返しのつかないことになる場合があります。特に，ロッカーや机の中の荷物を持ち帰る日程は，次週の授業の計画と同時に立てておくとよいでしょう。

(2)　子どもへの指導に関すること・やっておいた方がよいこと

　主要なものを書き出しましたが，まだまだたくさんあるはずです。自分で思いつくままにまずは書き出してみるとよいでしょう。特に，子どもとのことで上手くいっていない場合，夏休み中に研修しておきたいものもあります。長期休みが入ってすぐにじっくり考えると，その後，自分に情報が入りやすくなります。

(3)　学級・学校事務・やるべきこと

　日常の中で積み重ねているものですので，確実に記入してあるか，チェックをします。一人でやるとミスが起きやすいものは，協力者を募り相手のものも一緒にチェックするとよいでしょう。

(4)　学級・学校事務・やっておいた方がよいこと

　ここの内容については，優先順位を数字にして割り振っておくとよいでしょう。ここまで手が回れば夏休み明けは余裕を持って過ごせるはずです。

　●長期休み前に自分のやるべきこと，やっておいた方がいいことをチェックし，それぞれポイントに合わせて取り組む。

（松下　崇）

① 子どもがケガをした時

> 子どもは学校生活の様々な場面でケガをします。それは，担任が見ている場面でも，担任が見ていない場面でもです。また自分でケガをする場合もありますし，友だちが絡んでケガをする場合もあります。子どもがケガをしたとき，どのように対応する必要があるのでしょうか。

1 原因と責任の違いを考えて

　子どもがケガをしたときは保健室に行き，養護教諭の先生から適切な処置をしてもらうと思います。ケガをした本人は，少なからず落ち込んでいるのではないでしょうか。担任として最も大切なのは，ケガをした本人の気持ちを思いやることではないかと思います。

　ケガをした子どもを見るや否や，どうしてケガをしたのかを問い質す場面を見ると，心が痛みます。確かにケガをした原因は，子どもにあるかもしれませんが，学校生活の中でケガをしたのならば，責任は学校にあることを忘れてはいけません。

　そのことを肝に銘じて，真摯な対応が求められます。大きなケガの恐れがある場合は，管理職に報告，保護者へ連絡し，病院に連れて行く必要があります。首から上のケガには，特に注意が必要です。

2　子どもがケガをした時の対応術

(1)　自分でケガをした場合

次のような対応が必要になると考えられます。

> ①保健室で，養護教諭から適切な処置を受ける。
>
> ②ケガをした子どもを思いやる言葉をかける。
>
> ③ケガをした状況を確認する。
>
> 　※いつ，どこで，どんなふうにケガをしたのか，周りには誰がいたのか。
>
> ④ケガをした子どもと，状況を確認し，必要な指導をする。
>
> 　※今度はケガをしないように気をつけること。
>
> ⑤連絡帳，もしくは，電話で保護者に連絡をする。
>
> 　※ケガをした状況と「心配をかけて申し訳ない」という旨を伝える。

(2)　友だちとの絡みでケガをした場合

次のような対応が必要になると考えられます。①〜③は同様です。

> ④ケガをさせた子どもにも，そのときの状況を確認する。
>
> 　※ケガをした子どもとケガをさせた子どもからの状況が一致する。
>
> ⑤ケガをさせた子どもとケガをした子どもに必要な指導をする。
>
> 　※ケガをさせないため，ケガをしないために気をつけること。
>
> ⑥電話で，ケガをした子どもの保護者に連絡をする。
>
> 　※ケガをした状況と「心配をかけて申し訳ない」という旨を伝える。
>
> ⑦電話で，ケガをさせた子どもの保護者に連絡をする。
>
> 　※謝罪の意志がある場合は，保護者同士が連絡を取れるようにつなぐ。

- ●原因は子どもにあっても，責任は学校にあることを肝に銘じる。
- ●ケガをした子どもの気持ちを思いやる担任の姿勢が大切となる。

（髙橋　健一）

② 子どもが休んだ時

> 子どもが体調不良で休んだとします。そんなときは，なんらかの方法で子どもや保護者とコンタクトを取り，欠席による子どもの不安の軽減に努めましょう。ただし，学年主任等に確認し，学校で欠席対応のマニュアルがあるとすれば学校のマニュアルに準じた対応を行ったほうがよいでしょう。

1 子どもを気遣い，関心を示す

　子どもの欠席連絡は，保護者からの電話，通学班の子どもから預かった連絡帳，学校共通の欠席届などいくつかの方法で行われます。

　例えば，「今日は熱が37度５分のためお休みします」と書かれた連絡帳が届いたとします。その際は，一言，「Aさんの具合はいかがですか。熱は下がりましたか。どうぞお大事にしてください。ご連絡ありがとうございました」などとお返事を書き，兄弟などを通して欠席の子の自宅に届くようにします。印鑑だけでなく一言書き，子どもの様子を気にかけていることを伝えましょう。

　欠席した子への対応が学校ごとに決まっている場合があります。例えば，「体調不良などによる１日限りの欠席では特に連絡をしない，２日間欠席した場合は連絡をする」などと決まっていれば，それに沿った対応を行うとよいでしょう。特になければ学年主任に相談し，大体揃えましょう。

　私は初任者のとき，「１日休んだら電話連絡をする。２日続いたら家庭訪

問を行うといい」と指導を受け，それを基準に対応しています。電話をかけた際は，保護者とお話しした後，「Ａさんは近くにいらっしゃいますか。と電話を代わってもらい，一言話して「明日，待っているよ」と言って電話を終えるようにしています。

2 子ども同士の関係をつなぐ

　今日の学習内容や宿題と一言メッセージを書き入れるとできあがる「お休みカード」をたくさん印刷しておきます。そして，休んだ子がいたら誰がそのカードを書くかを決めておきます。

　例えば，隣の席の子，同じ班の子，お休みフォロー係など，いくつか考えられます。朝の会で欠席がわかったら，カードを書く子が休み時間や給食準備時間などを使ってカードを書いておきます。

　古封筒を用意し，今日の配布物とお休みカードを入れ，その子の連絡帳（あれば）と共に帰りまでに用意します。2年生以上であれば，システムがわかると子どもたちが一通りやってくれます。「休んだときに，学校の様子がわかったり，メッセージがあったりすると嬉しいと思うな」と話し，子どもの賛同を得て進めましょう。

　兄弟や近所の子，同じ通学班の子にお願いし，休んだ子へのお休みカード入り封筒や連絡帳を届けてもらうとよいでしょう。

　ただし，地域や学校により，自宅に届けることが難しい場合もあります。気になる欠席の場合は，担任が帰りに届けてもよいでしょう。また，その日のうちに届けないとしたら，お休みカードは机の引き出しに入れておき，明日登校したときに「昨日はこんな勉強をしたのか」と伝わるようにし，欠席による不安がないようにします。

●学校や学年での対応を確認し，何らかの方法で連絡を取る。
●子どもとの関係を切らさない。

（近藤　佳織）

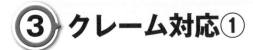

③ クレーム対応①

学校現場には必ず「クレーム」がきます。ただ，それは必ずしもマイナスにとらえるべきものではありません。学校をよりよくしようと考えれば「有益」であることも多いのです。

1 教師のそれまでの関わり方や態度でクレームの質は変わる

一言で「クレーム」と言っても，保護者からの伝え方は様々です。

それこそ多くの方々が頭に思い浮かべるような感情的な学校批判もクレームですが，柔らかく教師に気を遣いながら教えてくださるのもクレームです。

また，同じ保護者からの同じ内容のクレームでも，対応する教師によって保護者は伝え方を変えます。

その違いは何なのでしょうか。

簡単に言うと，**その先生の関わり方やつながり方がそもそも違う**のです。

一番大切なのは，日常的にいろいろな保護者に関わっているかどうかです。

学年当初の家庭訪問はもちろんのこと，学校で保護者を見る度に声をかけたり，あいさつをしたりすることはとても大切です。また学年が違う保護者ともあいさつをし，ちょっとした世間話をするような関係性を作っておくことで，いざ何か起こったときの保護者の態度や受け取り方は大きく違います。

まず，保護者と積極的に関わりを持ちましょう。それが感情的なクレームではなく，「穏やかな要望をいただく」ことにつながっていきます。

クレームを受けたときの対応で問題が大きくなることもあります。

クレームに対しては真摯で誠実な態度で対応します。こちらの勘違いやミスもあります。それをきちんと認め，次に活かそうとする様子が見られることで，話し合いが終結し，次のよりよい未来へ向かうことは多いのです。

2 保護者を理解する絶好の機会だととらえる

感情的にクレームをあげてくる保護者の中には，学校の様子が見えず不安になっている方や，地域や保護者集団の中であまり上手くいっておらず孤立感を感じている方も見受けられます。

クレームの前にもう少し関わることができなかったか，保護者同士をつなげることができなかったかなどと考えることがあります。

前年度の引き継ぎで子どもの様子だけでなく保護者の様子もよく聞いておきましょう。

そして，年度当初から積極的に電話や連絡帳で，その子の「よいところ」や「頑張っていること」などを伝えていくとよいでしょう。それは，その子本人のためにもなりますが，同時に保護者の安心にもつながります。

学校からの連絡はついつい「マイナスの状況」を伝えることが多くなるようで，電話をかけると「うちの子何かしましたか？」とおっしゃる方もかなり多いです。だからこそ，何かのついでではなく，いいことを伝えるためだけに電話や連絡帳で連絡をしてみましょう。

「この先生は肯定的にうちの子（そして，自分の家庭）を見てくれている」と感じてもらうことができたなら，少しだけ不安や孤立から抜け出してもらうお手伝いができると思います。

●事前にどれくらい保護者とつながることができているかがポイント。
●頻繁に連絡がくる保護者が，不安や孤立を抱えている場合があることを知る。

（南　惠介）

④ クレーム対応②

前項ではクレームに対する心構えや態度をまず書きましたが，それだけではうまく対応できません。

学校は組織やルールで動きます。だからこそ，「基本的な対応の流れ」を頭に入れておくべきだと考えます。

1　何はともあれ「報・連・相（ほう・れん・そう）」

学級でのトラブルについてのクレームは担任の先生，あるいは担当の先生など，まずは「当事者」の対応となりますが，その後は基本的にチームとして対応します。チームで対応することで，周囲の先生方によるいろいろな視点からヒントや，直接的なヘルプが期待できます。

そのための第一歩が「報・連・相」です。「報・連・相」とは「報告・連絡・相談」の3つをまとめた略語で，「報告」とは，上司へ起こったことや途中経過を報告すること，「連絡」とは，関係者へ状況を報告すること，そして「相談」とは，意見やアドバイスを求めることです。

時と場合によっては学校以外のいろいろな機関に介入してもらう必要があります。そういったときに実際に対応に当たるのは，管理職の先生。そして，最終的に責任を取ることになるのも，管理職の先生です。

さらに言うと，クレームが上がってきた場合，全ての原因が「当事者」と考えられている先生だけとは限りませんから，管理職に伝えた上で全体に知ってもらうことが解決の糸口になることもしばしばあります。

だからこそ，何か起きたらまず「報・連・相」が大切になるのです。

2　メモを取る・記録を残す

　クレームがきた場合，後からできるだけ正確に記録をもとにして話し合いを進めることが必要になってきます。

　連絡帳でのクレームの場合，コピーを取りそれをもとに管理職に報告や相談をします。電話連絡でも時間や日にちなどのメモを取ることが必要です。

　なお，音声での記録はのちのち逆に問題になることもありますので，現時点ではそのあたりは慎重に取り扱った方がよいと考えます。

3　対応の「結末」は？

　話し合いの中でついつい「学校側の話」を押しつけてしまったがために，解決が困難になるということが往々にして起こります。

　強気に出てこちらの意見を全部飲ませようとすると，あまりよい結果につながらないことがあります。そのときに「わかった」と言っても，結局自分の意見は受け入れてもらえなかったと感じた保護者の「その次」の態度や対応は大きくマイナスに振れることになります。

　生徒指導と同様に，結局どのあたりに着地すれば双方がそれなりに納得できるかを探ることこそが大切なのです。話し合いの結末はある程度こちらで考えておくべきで，どうしても譲れないラインというものもありますが，それでも「結末」は少しずつ揺れ，お互いの妥協点に落ち着いていくものです。

　結末は頭にありつつも，最終的な「落としどころ」はどこかを考えながら，話し合いを進めていくことが大切になります。

●「報・連・相」と記録を大切にし，チームで動く。
●意見を飲ませるというより，「落としどころ」を探ることを一番に
　考える。

（南　惠介）

おわりに

　2019年４月に「10人の元気な先生を育てたら，300人の子どもを元気にできる」と願い教員養成に携わるようになりました。授業をしていると学生たちは自分が小学生や中学生だったときのことを思い浮かべて課題に取り組んでいるようでした。そんな中，次のような質問を矢継ぎ早に受けました。
「教材研究の方法がわかりません」
「掃除や給食の指導は，何をすればいいのですか？」
「子どもとの信頼関係は，どうやって作るのですか？」
「保護者と連携するには，何に気をつければいいですか？」
　まだ教育実習に行っていない学生たちです。その熱意に圧倒されました。それからは授業の導入で教材研究のあり方や学級経営についても触れていきました。しばらくするとリフレクションシートの中に「授業で教えてもらえないような細かな実践や授業技術，学級経営の方法を教えてください」と書いてありました。そこで次の授業中に「特別に時間を取ってリクエストにこたえる授業をするけれど参加する人はいますか？」と尋ねると全員が手をあげてくれました。学生たちの教職への思いに胸が熱くなりました。

　また，次のようなこともありました。着任当初，ある小学校の校長先生とお話しする機会があり，次のようなお話を聞きました。
「私たちが教師になった頃は，職員室で学ぶことが多かった。先輩にもよく飲みにつれて行ってもらいました。若い人には必ず師匠みたいな先輩がいたものです。今の若い人には，そういった機会がなくなってしまった。申し訳なく思うと同時に『自分で自分を高める力』を育んでいってほしい」
　この話は今の学校がどれほど疲弊しているのかを表しています。
　確かに私も多くの先輩からたくさんのことを学んできました。かつての学校，職員室には「教育技術や教育観などを伝達する機能」がありました。しかし，ベテラン教師の大量退職に伴う若手教師の増加や改善途上の学校業務

などのために，その光景をあまり見なくなりました。この要因は，国際調査であるTALIS2013の結果にも出ています。それには，日本の教師は日頃から校内研修などで指導力の向上や改善を行い意欲を高めているという結果が出ました。しかし反面，研修意欲は高いものの，業務多忙や費用，支援が不足していることが明らかになっています。学校，職員室の文化の転換期である中，若手の先生は自力で教師としての力を培っていくことが必要となっています。

「子どもたちのためにより実践力を高めたいけれど，何をしたらいいのかわからない」
「先輩たちが忙しそうで話を聞きにくい」
「こんなことを聞くと笑われそう」

　そんな悩みを解決できる一つのアイテムとして本書を企画しました。それぞれの項目は『学級を最高のチームにする！　365日の集団づくり』を一緒に執筆した仲間が担当しています。それぞれの著者の得意分野を若手教師が理解しやすいように書かれています。学校生活を全て網羅しているわけではありませんが，若い先生が日々のハンドブックとして手に取り必要なページを見ることで「何をどう指導したらいいのか」の疑問を解決する羅針盤になることでしょう。
　本書が教師としての一歩を歩み出した未来を担う皆さんの力になることを祈っています。

　最後になりましたが，この企画に協力してくれた上越教育大学の赤坂先生，北海道の宇野先生，新潟県の近藤先生，髙橋先生，神奈川県の松下先生，岡山県の南先生，明治図書の及川さんに感謝申し上げます。

岡田　広示

【執筆者一覧】

赤坂　真二　　上越教育大学

岡田　広示　　上越教育大学

宇野　弘恵　　旭川市立啓明小学校

松下　　崇　　横浜市立川井小学校

髙橋　健一　　新潟市立白根小学校

近藤　佳織　　小千谷市立総合支援学校

南　　惠介　　美咲町立柵原西小学校

【編著者紹介】

赤坂　真二（あかさか　しんじ）

1965年新潟県生まれ。上越教育大学教職大学院教授。学校心理士。19年間の小学校勤務では，アドラー心理学的アプローチの学級経営に取り組み，子どものやる気と自信を高める学級づくりについて実証的な研究を進めてきた。2008年4月から現所属。研究力と実践力を合わせ持つ教員を育てるため，教師教育に関わりながら講演や執筆を行う。著書に『アドラー心理学で変わる学級経営 勇気づけのクラスづくり』などがある。

岡田　広示（おかだ　こうじ）

1973年兵庫県生まれ。兵庫教育大学教職大学院修了。兵庫県公立小学校に20年間勤めた。上越教育大学教職大学院准教授。目標・評価を軸にした実践を進める。著書に『学級を最高のチームにする！ 365日の集団づくり 3年』などがある。

学級を最高のチームにする！
学級経営365日の教科書

2020年3月初版第1刷刊　　　©編著者　赤　坂　真　二
　　　　　　　　　　　　　　　　　　岡　田　広　示
　　　　　　　　　　　　発行者　藤　原　光　政
　　　　　　　　　　　　発行所　明治図書出版株式会社
　　　　　　　　　　　　http://www.meijitosho.co.jp
　　　　　　　　　　　　（企画）及川誠（校正）杉浦佐和子
　　　　　　　　　　　　〒114-0023　東京都北区滝野川7-46-1
　　　　　　　　　　　　振替00160-5-151318　電話03(5907)6703
　　　　　　　　　　　　ご注文窓口　電話03(5907)6668

＊検印省略　　　　　　　組版所　長　野　印　刷　商　工　株　式　会　社

本書の無断コピーは，著作権・出版権にふれます。ご注意ください。

Printed in Japan　　　　　　　ISBN978-4-18-341519-6

もれなくクーポンがもらえる！読者アンケートはこちらから

マンガでわかる『学び合い』
子どもに読ませたい教育書

西川 純 監修　野口 大樹 著

実話に基づく5話の
ストーリーマンガで
『学び合い』を紹介!

「子どもの幸せのために何が出来る?」「一人も見捨てない授業なんて実現できるの?」そんな疑問に応える『学び合い』入門マンガ。今,話題の『学び合い』について,実話に基づく5話のストーリーマンガで,そのエッセンスやポイントをわかりやすく解説しました。

A5判　128頁
本体 1,600 円+税
図書番号　3797

学級経営サポートBOOKS

「小1担任」
パーフェクトガイド

浅野 英樹 著

小1プロブレムなんて怖くない!小1担任の365日必携ガイド

小学1年生は,ワクワクと不安でいっぱい。そんな子どもたちを温かく照らす,小1担任の1年間パーフェクトガイド。入学式前準備からルール指導,学級システム20づくりや行事指導,子どもとのコミュニケーションから保護者対応まで。学校生活の土台を築く必携の1冊です。

A5判　192頁
本体 2,100 円+税
図書番号　1652

WHYとHOWでよくわかる!
不登校 困った時の対応術40

千葉 孝司 著

「この場面ではこうしよう!」場面別でよくわかる不登校対応術

教師が本気で不登校に取り組もうとする時に,「困った!」という場面に必ず遭遇します。本書では,不登校対応での困った場面別に,WHY(なぜそうなったか)とHOW(どのようにすればよいか)の視点から,具体的な対応をまとめました。場面別の会話例も入れた必携の1冊です。

A5判　176頁
本体 2,000 円+税
図書番号　2948

保護者対応
すきまスキル70

小学校 低学年
小学校 高学年
中学校

堀 裕嗣 他編著

「保護者との信頼関係を築く!安心につなげる微細スキル70

保護者対応でつまずく要因は,ちょっとしたボタンの掛け違いです。保護者会や電話連絡,家庭訪問やクレーム対応などポイントを70の項目に分け,「ハード編」として直接的なコミュニケーションを,「ソフト編」として環境調整など保護者に寄り添う対応を紹介しました。

四六判　160頁
本体 1,800 円+税
図書番号　4741〜4743

明治図書　携帯・スマートフォンからは **明治図書 ONLINE へ** 書籍の検索、注文ができます。▶▶▶

http://www.meijitosho.co.jp　＊併記4桁の図書番号（英数字）でHP、携帯での検索・注文が簡単に行えます。

〒114−0023　東京都北区滝野川7−46−1　ご注文窓口　TEL 03−5907−6668　FAX 050−3156−2790

学級経営サポートBOOKS

子どもの笑顔を
取り戻す!

むずかしい学級
リカバリーガイド

ピンチを
チャンスに変える!
学級立て直し
マニュアル

山田 洋一 著

どうすれば社会科授業を面白く，わかりやすく出来るのか。教材研究と子どもの思考にこだわり，一人一人の成長にこだわる「わかる」社会科授業について，そのポイントから教材づくりの視点，深い学びを実現する授業デザイン，指導展開例までをわかりやすくまとめました。

Ａ５判　152頁
本体 1,900 円＋税
図書番号 2673

学級経営サポートBOOKS

アドラー
心理学
で変わる

学級経営

勇気づけのクラスづくり

赤坂 真二 著

勇気づけの
クラスづくりで
学級が変わる!
学級経営バイブル

教師にとって有用なアドラー心理学の視点で，学級経営に役立つ情報をまとめた学級経営バイブル。学級づくりの基礎に始まり，子どもの見方，不適切な行動への対応，気になる子への支援，子どもへの勇気づけ，荒れたクラスの再生まで。役立つ情報をぎゅっとまとめました。

Ａ５判　224頁
本体 2,200 円＋税
図書番号 2746

資質・能力 を育てる
問題解決型
学級経営

赤坂 真二 著

やる気を成果に
結びつけると決別
する学級経営

なぜ，あなたのやる気が成果に結びつかないのか。曖昧さと決別する「問題解決型」学級経営。子どもたちの未来を切り拓く資質や問題解決能力は，日々の学級経営の中でこそ身に付けることができる。学校現場の，リアルな学級づくりの課題から考える辛口の学級経営論。

Ａ５判　200頁
本体 2,000 円＋税
図書番号 1388

最高の学級づくり
パーフェクトガイド

指導力のある教師が知っていること

赤坂 真二 著

1ランク上のクラスへ!
最高の学級づくり
バイブル

最高の学級づくりを実現するパーフェクトガイドブック。学級開きから学級目標やルールづくり，気になる子や思春期の子の指導，学級のまとまりを生む集団づくりの必勝パターン，いじめ対応からＡＬまで。章ごとの「チャレンジチェック」でポイントもよくわかる必携の書。

Ａ５判　216頁
本体 2,000 円＋税
図書番号 1695

明治図書　携帯・スマートフォンからは **明治図書 ONLINE へ** 書籍の検索，注文ができます。▶▶▶

http://www.meijitosho.co.jp　＊併記4桁の図書番号（英数字）でHP，携帯での検索・注文が簡単に行えます。

〒114-0023　東京都北区滝野川7-46-1　ご注文窓口　TEL 03-5907-6668　FAX 050-3156-2790

八巻寛治 365日の学級づくり

低学年編
中学年編
高学年編

やまかんメソッドでつくる 最高の教室

八巻 寛治 著

八巻先生直伝！
やまかんメソッドでつくる
最高の教室

学級づくりのスペシャリスト八巻先生が、各学年の1年間365日の学級経営のポイントを徹底解説。子ども理解からルールづくり、トラブル解決からユニバーサルデザイン、保護者対応まで。やまかんメソッドでつくる最高の教室づくりの秘訣を1冊に！

A5判 184~192頁
本体1,800円＋税
図書番号 3521, 3522, 3523

学級経営力向上シリーズ

学級経営大全

赤坂 真二 著

学級経営力向上シリーズ
OVERALL CLASS MANAGEMENT
赤坂真二〔著〕
Shinji Akasaka
学級経営力アップ
6つのポイント

1ランク上の指導力を！
学級経営大全

学級経営の6つの柱とは？学級経営力をアップするポイント

学級経営の成功の秘訣とは？「学級経営の基本原則」「気になる行動のメカニズムを理解する」「成功における『常識』を知る」「教科指導で学級経営をする」「いじめ指導に強くなる」「本当に必要なものを育てる」の6つのポイントで解説した学級経営バイブルです。

A5判 176頁
本体2,000円＋税
図書番号 3399

新訂2版

特別支援学級 はじめの一歩

坂本 裕 編著

特別支援学級の悩みや疑問をこの1冊で解決する必携バイブル！

ベストセラー『改訂 特別支援学級はじめの一歩』を、2017年版学習指導要領で初めて特別支援学級の教育課程編成規準が示されたことを受け、全項目を全面リニューアル。特別支援学級における悩みや疑問に、最新の法制度や用語にも対応した形で答えた必携バイブルです。

The first one step
新訂2版
特別支援学級
はじめの一歩
まずは押さえたい100のポイント
坂本 裕 編著

A5判 144頁
本体1,860円＋税
図書番号 0502

クラスを最高の笑顔にする！

学級経営 365日 困った時の突破術

低学年編
赤坂真二・北森 恵 著
中学年編
赤坂真二・畠山明大 著
高学年編
赤坂真二・岡田順子 著

6月危機と魔の11月も乗り越える！1年間の困った時の突破術

「学級に困っていることがある」「学級を良くしたいが、具体的な方法がわからない」そんな2つの願いをかなえる、1年間365日の学級経営、困った時の突破術！学級経営の急所について、Q&A形式でその予防法・治療法・育成法をわかりやすくまとめた必携の1冊です。

A5判 176頁
本体1,900円＋税
図書番号 3421, 3422, 3423

明治図書
携帯・スマートフォンからは **明治図書ONLINE へ** 書籍の検索、注文ができます。 ▶▶▶

http://www.meijitosho.co.jp ＊併記4桁の図書番号（英数字）でHP、携帯での検索・注文が簡単に行えます。

〒114-0023 東京都北区滝野川7-46-1 ご注文窓口 TEL 03-5907-6668 FAX 050-3156-2790